汉 字 的 故 事

中华少年信仰教育读本编写委员会 / 编著

信仰创造英雄　信仰照亮人生

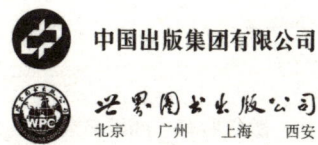

中国出版集团有限公司

世界图书出版公司
北京　广州　上海　西安

图书在版编目（ＣＩＰ）数据

汉字的故事 / 中华少年信仰教育读本编写委员会编
著 . —北京 : 世界图书出版公司 , 2016.5（2024.5 重印）
ISBN 978-7-5192-0884-4

Ⅰ. ①汉… Ⅱ. ①中… Ⅲ. ①汉字—青少年读物
Ⅳ. ① H12-49

中国版本图书馆 CIP 数据核字 (2016) 第 049106 号

书　　名	汉字的故事	
	HANZI DE GUSHI	
编　　著	中华少年信仰教育读本编写委员会	
总 策 划	吴　迪	
责任编辑	王　鑫	
特约编辑	滕伟喆	
出版发行	世界图书出版有限公司北京分公司	
地　　址	北京市东城区朝内大街 137 号	
邮　　编	100010	
电　　话	010–64033507（总编室）　　（售后）0431–80787855　　13894825720	
网　　址	http：//www.wpcbj.com.cn	
邮　　箱	wpcbjst@vip.163.com	
销　　售	新华书店及各大平台	
印　　刷	北京一鑫印务有限责任公司	
开　　本	165 mm×230 mm　　1/16	
印　　张	11.5	
字　　数	150 千字	
版　　次	2016 年 8 月第 1 版	
印　　次	2024 年 5 月第 5 次印刷	
国际书号	ISBN 978-7-5192-0884-4	
定　　价	45.00 元	

序　言

信仰是什么？

列夫·托尔斯泰说："信仰是人生的动力。"

诗人惠特曼说："没有信仰，则没有名副其实的品行和生命；没有信仰，则没有名副其实的国土。"

信仰主要是指人们对某种理论、学说、主义或宗教的极度尊崇和信服，并把它作为自己的精神寄托和行动的榜样或指南。信仰在心理上表现为对某种事物或目标的向往、仰慕和追求，在行为上表现为在这种精神力量的支配下去解释、改造自然界和人类社会。

信仰，是一个人在任何时候都不能丢的最宝贵的精神力量。人有信仰，才会有希望、有力量，才会树立正确的价值观，沿着正确的道路前行，而不至于在多元的价值观和纷繁复杂的世界中迷失方向。

信仰一旦形成，会对人类和社会产生长期的影响。青少年是社会的希望和未来的建设者，让他们从普适意识形成之初就接受良好的信仰教育，可以令信仰更具持久性和深刻性，可以使他们在未来立足于社会而不败，亦可以使我们的伟大祖国永远立于世界民族之林。

事实上，信仰教育绝不是抽象的、概念化的教育，现实生活中，我们有无数可以借鉴的素材，它们是具体的、形象的、有形的、活生生的，甚至是有血有肉的。我们中华民族有着几千年的辉煌历史，多少仁人志士只为追求真理、捍卫真理，赴汤蹈火，前仆后继；多少文人骚客只为争取心中的一方净土，只为渴求心灵的自由逍遥，甘于寂寞，成就美名；多少爱国志士只为一个"义"字，不惜抛头颅、洒热血。他们如滚滚长江中的朵朵浪花，翻滚激荡，生生不息，荡人心魄。如果我们能继承和发扬这些精神和信仰，用"道"约束自己的行为，用"德"指导人生的方向，那么我们的文明必将更加灿烂，我们的国运必将更加昌盛。

正基于此，"中华少年信仰教育读本系列丛书"应运而生。除上述内容外，本丛书还收录了中国人民百年来反对外来侵略和压迫，反抗腐朽统治，争取民族独立和解放，前赴后继，浴血奋斗的精神和业绩，尤其是中国共产党领导全国人民为建立新中国而英勇奋斗的崇高精神和光辉业绩；不仅有中国历史上涌现出的著名爱国者、民族英雄、革命先烈和杰出人物，还有新中国成立以后涌现出的许许多多的英雄模范人物。

阅读这套丛书，能帮助青少年树立自己人生的良好的偶像观，能帮助青少年从小立下伟大的志向，能帮助青少年培养最基本的向善心，能帮助青少年自觉调节自己的行为，能帮助青少年锁定努力的方向，能帮助青少年增加行动的信心和勇气。

习近平总书记说："人民有信仰，民族才有希望，国家才有力量。"因此我们有理由相信：少年有信仰，国家必有希望。

中华少年信仰教育读本编写委员会

目 录

汉字，是世界上历史最为悠久的文字之一，也是世界现存四千多种文字中使用时间最长、应用人口最多且始终延续不断的文字。关于汉字的起源，自战国时期起就有不少争论。概括起来，主要有六种起源说："洛书"与"河图"说、结绳记事、刻契记事、图画文字、八卦说、仓颉造字。这六种汉字起源说，背后都有着深刻的历史渊源与神秘的动人传说。

汉字的始祖——仓颉

相传，汉字是黄帝时期一个叫仓颉的人创造的。

仓颉，姓侯冈，号史皇氏，陕西关中人，黄帝时史官。传说中，仓颉长得不同于一般人，头顶高高地隆起，显得聪颖过人。他披着长发，留着长须，身穿兽皮。他生有"双瞳四目"，眼睛中总是透着异样的光芒，显得智慧而神秘。

传说，仓颉在黄帝手底下当官。那时，当官的并不威风，和平常人一样，只是分工不同。黄帝分派他专门管理圈里牲口的数目、屯里食物的多少。仓颉这人挺聪明，做事又尽心尽力，很快熟悉了所管的牲口和食物，心里都有了谱，很少出差错。可慢慢地，牲口、食物的储藏逐渐增加、变化，光凭脑袋记不住了。当时没有文字，更谈不上纸和笔。怎么办呢？仓颉犯难了。

　　仓颉整日整夜地想办法，先是在绳子上打结，用各种不同颜色的绳子，表示各种不同的牲口、食物，用绳子打的结代表每个物品的数目。但时间一长，这个法子的弊端就显现出来了。增加数目时，在绳子上打个结很方便；而减少数目时，在绳子上解个结就麻烦了。不久，仓颉又想到了在绳子上打圈圈，在圈子里挂上各式各样的贝壳，来代替他所管的东西。增加了就添一个贝壳，减少了就去掉一个贝壳。这法子挺管用，一连用了好几年。

　　黄帝见仓颉这样能干，让他管的事情愈来愈多。年年祭祀的次数，回回狩猎的分配，部落人丁的增减，也统统交予仓颉管理。仓颉又犯愁了，光靠添绳子、挂贝壳已不顶事了。怎么才能不出差错呢？

　　一天，仓颉在林子里走着，突然看到两个老人在前面一个岔路口争执不休。他上前一问，才知道两人是为走哪条路而起了争执：一个老人坚持要向西去打野猪，另一个老人却说东边有一群鹿，再不去就错失良机了。

　　仓颉好奇地问："你们怎么知道是什么猎物呢？"老人们指着动物留在地上的脚印，说："鹿和猪有不同的脚印啊！"仓颉猛然醒悟："每种动物都有属于自己的脚印，同样的，万物各有自己的特点，我何不用符号画下它们的特点，用来表示不同的事物呢？"想到这里，他马上奔回家中，把家里牲畜的脚印都画了一遍。他还给这些符号取了个名字，叫做"字"。

还没享受完造字的喜悦，仓颉再次陷入到苦恼之中：把造好的"字"记在哪里呢？画在地上，一场大雨就能把它们冲刷得无影无踪；刻在木头上，虽然短时期内能保存下来，但木头总有一天会腐烂，符号也就随之消失了；石头虽然不会腐烂，但却难于雕刻，也不便携带。仓颉左思右想都没有结果，便起身走到河边，想放松一下心情。

　　仓颉对着河水发呆，突然看到一只大龟沿着河岸爬了过来，龟壳上的纹路清晰可见。他一下子有了主意，高兴地喊道："对啊，把字刻在龟壳上不就行了？这样既容易携带，又能长时间完好地保存！"

　　仓颉兴奋地把他的发现报告给了黄帝，黄帝对这些想法很是赞同，让他不用再管部落里的琐事了，专心造字。

从此，仓颉骑着毛驴，在陕西的黄土高原上四处奔波，跋山涉水，跨州过郡，了解民间风俗习惯，收集民间流行的语言符号。那时没有纸，他就把收集的资料写在芦苇的叶子上。仓颉带着这批资料，在一间草棚里住下来。他不断观察天象，抬头仔细观察月亮时圆时缺的变化。他还观察山水风雨演变的现象，辨识鸟兽的各式各样的脚印，或野兽、车辆经过后留下的痕迹，分清和区别各种纹理的异同，并开始创造文字，将这些文字传给各个部落。

在汉字创造的过程中，仓颉起了重要作用，为中华民族的繁衍和昌盛做出了不朽的功绩。但人们普遍认为汉字由仓颉一人创造只是传说，不过他可能是汉字的整理者，被后人尊为"造字圣人"。

有了文字之后，人们的生活变得有条理起来。大家不用再为话语无法传达给远方的亲人而担心，老人们也不再为宝贵的经验不能代代流传而担忧，人们都对仓颉充满了感激和敬佩。

有一天，一位很有名望的老人找到仓颉，谦虚地对他说："仓颉啊，自从你造了字，大家的生活真是越来越方便了。可是我年纪大了，有一些字左思右想都不能理解，你能给我解释一下吗？"仓颉见部落里最有名望的老人也来向他请教，高兴地应承了下来。老人不慌不忙地说："牛、羊、马都有四条腿，可是在你造的字上，为什么独独只有牛没有画出四条腿而只是画了一条尾巴呢？这样不是容易让人理解错误吗？"

仓颉哑口无言，后悔自己造字时没有认真考虑，如今这些字已传到了各地，人们已经开始使用了，要改也来不及了。经过这次教训，仓颉此后每造一个新字，都要向周围有见识的人请教，根据他们的意见修改。这样日积月累，终于有一天，仓颉把人们常用的字都造好了。

这时，天上突然下了一场谷子雨。人们都说这雨是上天为表彰仓颉造字有功、庆贺人们从此能将智慧世代传递而下的。这就是"谷雨节"的来历。

其实，文字的形成是一个渐生的过程，绝非一人一时所能胜任，应当是古代劳动人民在长期的生产实践中不断创造、增加、发展、完善下来的符号。

自古以来，人们对汉字的起源各执一说。有人认为结绳、刻契是汉字的起源，也有人反对说，结绳、刻契是上古用以记事的方法，差不多一切原始民族都曾用过。它即便能记事，也算不上是一种文字。当然，也有人认为文字源于八卦。此外，还有"河图、洛书演进为文字说"。中国古代最通行之说是仓颉造字，至少在战国末年已经在广大学者中流传。一般说来，文字的发展有一个从多头到单头，从简单到复杂再到简单，从表形至表音的过程。中国的文字是劳动人民集体的创造。

目前，中国史学界较普遍的一种说法是：中国文字源始于殷商。不过，稍有异议的人也不乏一例。根据一些人的看法，殷商时代的甲骨文已很成熟。而任何事物总有一个从发生到发展渐趋成熟的过程。因此，文字的发生始年还可前推。

至于推多少年呢？有的主张至少上推一千年；有的主张推至夏朝末年；也有的主张推至夏以前，各执己见。

在考古学家那儿，文字的源始又有了分歧。其中提出最不同凡响之见的当推郭沫若。他在《古代文字之辩证的发展》一文中指出："汉字究竟源始于何时呢？我认为，这可以从西安半坡村遗址距今的年代为指标。半坡遗址年代距今有六千年左右。半坡遗址是新石器时代仰韶文化的典型，半坡彩陶上每每有一些类似文字的简单刻画，和器物上的花纹判然不同。虽然刻画的意义至今尚未阐明，但无疑是具有文字性质的符号。可以肯定地说就是中国文字的起源，或者中国原始文字的孑遗。"不过，在中国最早被发现的文字是河南贾湖发现的一些刻在龟甲上的符号，距今已达 8 000 年。

不论汉字起源于哪种说法，汉字在古老东方文明史上的地位是不可撼动的。它代表着我国古代先民的智慧与历史的积淀。可以说，汉字是中国人的第一大发明。

结绳记事

鲁迅先生在《门外文谈》里讲到"字"的来源时，讲过这样一句话："我们那里的乡下人，碰到明天要做一件紧要事，怕会忘记时，也常常说：'裤带上打一个结！'"鲁迅所说的"我们那里的乡下人"，是指绍兴。在浙东一带，农民请别人代办一件事情时，常说这句话，意思是请对方不要忘记。

"打结"是帮助人记忆的，它的由来渊源已久。在文字还没有被创造出来前，结绳记事是古代先民用来记事的主要方法之一。

结绳记事，是原始社会始创的以绳结形式反映客观经济活动及其数量关系的记录方式。《易经·系辞》中说："事大，大结其绳；事小，小结其绳。"

结绳记事起源于旧石器时代后期。当时，绳索是原始人类生活中的重要物品。它不但可以用来捆束东西，还被用来记录事情。如一条横列的结绳表示为"一"，两条为"二"，三条为"三"，四条为"四"，交叉结绳为"五"；竖列的结绳，一条为"一十"，两条为"二十"等。当然，原始人类结绳时，不会只打一个绳结，也不会只打一样大小、一种式样和一种颜色的结。他们约定以不同的绳子表示不同的事情。这样一串绳结能表示几件有关联的事情或者一件较为复杂的事情。

文字始于结绳之说，早见于《易经·系辞下》记载："上古结绳而治。后世圣人易之以书契。"许慎在《说文解字》中也谈到："神农氏结绳为治而统其事。"许多古文字学家也认为：在文字没有产生之前的原始氏族，采用结绳的方法帮助记事，这是很有可能的。至今仍有后进的民族可能使用这种方法记事。大事打大结，小事打小结，又有横绳表物，竖绳记数之说。

这种结绳记事的方法充分表现了现代文字学的观点，不管是用一根绳子打结也好，还是几根绳子横竖交叉也好，都是表示数字或方位的一些概念。这说明文字的产生是经过一定演变过程的。其实汉

字的字形本来就取材于自然界，所以可以把结绳记事看做汉字产生前的一个孕育阶段，但不能把它等同于汉字的产生。

结绳记事，对汉字的产生起到了一定的影响，但不足以得出汉字源于结绳记事的结论。人们之所以把结绳与文字联系在一起，是因为人类创造结绳记事的方法与发明文字的想法是一致的。一件事情要想保留在人的脑子里，只有在记忆所能达到的时间和准确度之内才有可能。但记忆的延续时间和可负荷的容量都是有限的，需要用外部的标志来提示它。人们在相互约定某一事情后，也需要有一种客观凭据以便长期遵行。前者是记录某种思想内容，后者是记录某种交往内容，使这些内容超越时间的限制，这正是激发人类发明文字的动因。也就是说，到了结绳时代，文字产生的主观要求已经具备了。

结绳记事能帮助人们记忆许多事情，还能一代代相传下去，对历史的延续性保存具有很大的作用。目前，结绳记事的方法已几近失传，也没有人再用这种方法来记事了。不过，结绳仍旧在某些特定的环境下，发挥其特殊的作用。

2004年4月11日下午4时32分，河南新密市的郑煤集团超化矿突发透水事故，12名矿工和技术人员被困井下。情况紧急，救人要紧。最终，经过多方紧急抢救，被困的12名矿工于4月16日9时30分成功获救。人们不曾想到，过去使用的结绳记事方法，在这个紧急的当口儿传递了生命的信息。工人们身处黑暗的井底，用矿灯绳打结向矿外传递着活着的信息，令解救人员信心倍增，加快了掘井的进度，从而全部获救。

刻契记事

上古时期，先民除了结绳记事外，还有一种记事方法——刻契记事。

刻契，是指在木板或竹片上刻些缺口或其他记号，用来记载财务的数量；或向别人传达什么事情，留作记忆的凭借；或作为向有关人员作解释的依据。刻契有一方独存的，也有两方共有的。两方共有的，把竹木板劈成两半，各拿一半，并以齿的互相吻合为依据。

刻契记事的方法，产生于真正的文字出现之前。我国历史上有许多关于刻契的记载。《释名·释书契》说："契，刻也，刻识其数也。"《列子·说符》说："宋人有游于道，得人遗契者，归而藏之。密数其齿，告邻人曰：'吾富可待矣'。"

刻契这种方法，与结绳记事相似。不过，它在促进文字的产生方面，比八卦符号和结绳记事都来得先进。至今，在我国的一些少数民族当中，仍保留着这种办法。

过去，红河哈尼族农民给地主交租，按租金多少需在木片或竹片上刻缺口，然后一剖为二，地主和农民各执其一。每一缺口的代表数不一，一般是一块代表一秤（一斤谷子），有时还代表更大的数。

契木为约作为一种传统凭信手段，在文字产生以后仍然继续被采用。例如有人在云南孟连傣族部落考察时，在土司衙署见到了一个具结木契，上面除刻有四道缺口以外，还有汉字；"四缺"代表多少钱粮数不得其详，另三边各用笔墨画三道，应是为了正副本对合以防伪造而画的标记，具有"驹缠章"的作用。

解放初期，人们在云南少数民族地区发现了一件非常有趣的刻契。当时，中央访问团在云南发现傈僳族的一块刻木，上刻"Ⅲ 〇 × Ⅲ"。据说，这些符号表示两层意思：一是，来的三个人，月圆时和我们会面了；一是，现在送去三包礼物，分别送给三个领导人。

木契上简单的刻刻画画，只起到记忆的作用，当然不能算文字。不过，契刻这种形式，却很可能是最早的文字书写形式之一。古人利用这种形式把一些数字符号或象形符号刻画在陶器或竹木片上，用以传递某种信息，就有可能逐渐演化成类似青铜器上的金文或是竹简木牍这类的文书，文字和文献也就逐渐地形成了。从这点上来说，刻契比八卦和结绳都更具有促进文字产生的条件。

图画文字

大量的考古资料证明：图画比文字出现得要早得多。

字之初，本为画。

当用结绳、刻契等实物不能满足人们记事、记忆的需要时，人们又创造了画画的方法。

图画不仅可以帮助记忆，而且在一定程度上可以帮助人们交流思想。例如：关于人的事，就画上个人形；记载打猎的收获就画上个象，画上个鹿，画上个野牛等。

鲁迅在谈到图画的记事作用时说："画在西班牙的亚勒泰米拉洞里的野牛，是有名的原始人的遗迹，许多艺术史家说，这正是'为艺术的艺术'，原始人画着玩玩的。但这解释未免过于'摩登'，因为原始人没有19世纪的文艺家那么悠闲，他画一只牛，是有缘故的，为的是关于野牛，或者是猎取野牛，禁咒野牛的事。"

比如，有个人捕获到一头牛，就想把这件事告诉别人。于是，他照着牛的模样，画在岩石或器物上。虽然表现的手法还未统一，但足以将事情表达清楚。这样，图画就成为语言符号，起到文字的作用。这种画图记事的方法，在很长一段时间内仍被保留。

相传，太平天国战争时期，清朝大臣曾国藩的部将鲍超被太平天国军队围困在某地。围城的太平军将领是外号叫"四眼狗"的陈玉成。鲍超是个除了自己的姓"鲍"字外，什么也不认识的大老粗。慌忙中，他画了一张图画叫人送给曾国藩。曾国藩打开一看，纸的

当中画了一个圆圈，圈里歪歪斜斜地写了一个"鲍"字，圈外面围着几只狗。曾国藩看完大吃一惊，说："鲍超被四眼狗陈玉成包围了！"立刻下命令派兵去救。

图画文字是文字的雏形，与有声语言直接联系，记录了语言中词的声音和意义。图画文字与结绳记事更能明确地表达一件事情。

不过，图画文字并不是

真正的文字，它的个体图形和符号，不能和语言的词语完全对应起来。图形和符号的组合排列，也不和相关的词语在句子里的语法序位相一致。它记录语言，只能是"近似值"，表达语意是"公约数"。

当然，图画文字表记性的功能，以事物的形象作为事物本身的代表的办法，对真正文字的产生，却起了启发、诱导的作用。人们一旦把特定的符号和图形，同一定的词语稳定地结合起来，每个词语都获得这种书写形式，这些图形、符号书写的顺序，按词的语法序位作线性排列，便形成真正的文字。所以，在真正的文字产生之前，人类使用的图画文字，是孕育真文的母体，是真文起源的源头。

文字起源于图画，但图画不等于文字。记事图画的特点是：整幅图画表示一定的意思，没有固定的读音，也不能分解为字。图画越画越简单、越画越线条化，当它能够读出来，代表语言里一定的词的时候，图形就变为最初的文字了，从图画到文字实现了一个"飞跃"。

文字和图画的界限可以概括为以下三点：第一，图画的特点是"逼真"，每个人对事物的理解不一，各自的画法也各不一样；文字线条简单，写法要求大体一致，为大家所公认。第二，图画没有固定的读音，不和有声语言相联系；文字是记录语言、代表语言的，它有固定的读音。第三，记事图画的意义是不确定的，比如画一头野牛，是"获得了一头野牛""这里有野牛"，还是其他别的意思，其意义是不确定的；文字表示语言里的词，意义是确定的。

"洛书"与"河图"

自古以来，洛河就是黄河的主要支流之一。它发源于陕西省蓝田县境内的华山南麓，流经洛南、卢氏、洛阳，于巩县境内汇入黄河，是中国原始农业起源最早的地区之一。

古时，洛河也称洛水。洛水悠悠，弥漫着神秘的色彩。这里孕育了悠久灿烂的历史文化，也流传着美丽动人的神话传说。享誉全国的"洛书"，其出处就在洛河流域。

相传，上古明君唐尧治理天下时，突然遭遇了滔滔洪水。整个世界成了浩浩渺渺的一片汪洋。由于洪水泛滥，久治不畅，造成五谷不生、草木杂乱、野兽大量繁殖，严重威胁着人类的生命安全。一时之间，人类陷入了绝望的境地。

据说，这场滔滔不绝的洪水，是天帝为了惩罚老百姓而特意施降的。为此，夏禹的父亲鲧被推举出来，治理滔天洪水。鲧哀求天帝收回洪水，天帝却不为所动。鲧救民心切，决定去偷取一种能无限生长的神土，用来堵塞洪水。正当他把神土投入洪水泛滥的地方时，被天帝发觉了。天帝大发雷霆，命令水神共工重新使洪水泛滥，

又命令火神祝融前去捉拿鲧。鲧抵挡不住火神祝融的神力，最终被擒获。

天帝不顾情面地下令，将鲧押到一个叫羽的地方处死。鲧为民治水，尽心尽力，虽没有成功，但赢得了人们的称赞和同情。对于他的死，人们痛惜不已。

鲧虽然遭到天帝残酷惩罚，但为民消灾的决心不变，以致他被杀后三年没有瞑目。不仅如此，他的体内居然孕育出了一个新的生命。天帝知道后，命令火神祝融带着一把名为"吴刀"的兵器，到羽山去剖开鲧的腹部，杀死他肚子里的胎儿。

不料，鲧的腹部被剖开后，胎儿从腹中跳出，化作一只大熊腾空而去，跳进了羽山下面的深渊。紧接着，大熊化为一条黄龙，飞入云中。这条黄龙就是鲧的儿子夏禹，日后著名的治水英雄。

天帝了解情况后，暗暗吃惊，索性也不阻碍夏禹治水了。夏禹打败了水神共工，抑制了洪水，又开始疏通洪水，有"大禹三过家门而不入"的故事。在治理洪水过程中，夏禹亲自去勘察高山大河，树立标记，再确定变水灾为水利的方案。就这样，洪水终于被治理好了，人们恢复了安居乐业的生活。

对于夏禹治水的丰功伟绩，人们一直念念不忘。夏禹因此成为古代神话传说中的五帝之一，古代部落联盟的领袖，夏朝的开国君主。

据传，大禹治水时，有条黄龙在洛水中摇动着尾巴在前面引路，划地成为河道，疏通水流。还有一只玄黑色的大龟，背部扛着青泥，跟随在黄龙后面，遇到洼地就放下青泥垫平，又把人们居住的地方加高，那些垫得特别高的地方，就成了名山，特别低的地方就成了大川。

又传说，那只玄黑色的大龟背部排列着1—9的数字序列，结构是戴九履一，左三右七，二四为肩，六八为足，以五居中，五方

白圈皆阳数，四隅黑点为阴数。夏禹悟透其中的秘密，制订了包括五行思想在内的《洪范九畴》。按照这个排列的次序，将天下划分为九州，即把全国划为九个行政区域。因载书之龟出自洛水，故该图称之为"洛书"。

关于"洛书"，还有一个民间故事。

据说，古时有一个三岁小童喜欢在一旁看人下棋，日日不息，从不间断。有一天，小孩看着看着，脱口而出："这不就是洛书吗？"下棋的人都觉得这个小孩很奇怪，忙邀请他一块下棋。可小孩却拒绝了，说：需三日之后方可。说完，小孩回到家中，悬挂洛书于壁，闭门静思。三日后，小孩外出与人对弈，无往不胜。

"河图"的由来，也与大禹治水的故事有关。

古时候，在华阴潼乡有个叫冯夷的人，不安心耕种，一心想成神仙。他听说，人只要喝上一百天水仙花的汁液，就可化为仙体。

于是，冯夷东奔西跑地寻找水仙花。

那时候，黄河水泛滥，冯夷不惧险阻，常常渡黄河、跨黄河、过黄河。转眼九十九天过去了，只要再找上一棵水仙花，吮吸一天水仙花的汁液，冯夷就可以成仙了。眼看就要成功了，冯夷很得意，抓紧时间过黄河去一个小村庄找水仙花。河水原本不深，等他趟水到河中间时，河水突然涨了。他心下一慌，脚底打滑，跌倒在黄河中被淹死了。

冯夷死后，一肚子的冤屈怨气，他恨透了黄河，觉得是黄河让他前功尽弃，气冲冲地跑到玉帝那里去告黄河的状。玉帝听说黄河没人管教，到处横流，危害百姓，也很恼火。他见冯夷已吮吸了九十九天水仙花的汁液，差不多也该成仙了，就问冯夷愿不愿意去当黄河水神治理黄河。冯夷喜出望外，满口答应，心想：这下既可以了却自己成仙的心愿，又可以向黄河报被淹死之仇。

冯夷当了黄河水神，人称“河伯”。他从来没有治过水，一下

子担此重任，显得束手无策。该如何是好呢？他知道自己道行浅，又没什么法宝仙术，只好又去向玉帝讨教办法。玉帝告诉他，要治理好黄河，得先摸清黄河的水情，画个河图，有了黄河的水情河图为依据，治理黄河就省事多啦。

河伯按着玉帝的指点，风里来雨里去，跋山涉水，察看黄河水情，接着画河图。查水情，画河图，是个苦差事。等河伯把河图画好，已年老体弱了。他看着河图，黄河哪里深，哪里浅；哪里好跨堤，哪里易决口；哪里该挖，哪里该堵；哪里能断水，哪里可排洪，画得一清二楚。只可惜，自己没有气力去照图治理黄河了，河伯很伤心。他心想，总有一天会有能人来治理黄河的，那时把河图传授给他，也算自己没有白操心。

从此，河伯就在黄河底下安度晚年，没再露面。不料，黄河连连涨水，屡屡泛滥。百姓们知道玉帝派河伯来治水，却始终不见他的面，就骂河伯不负责任，不管百姓死活。

后来，到了大禹出来治水的时候，河伯决定把黄河河图传授给他。他对大禹说："我的心血和治河办法都在这张图上，现在传授给你吧。"

大禹展开图一看，图上密密麻麻，圈圈点点，把黄河上上下下、左左右右的水情画得一清二楚。大禹高兴极了，正准备向河伯道谢，一抬头，河伯跃进黄河早没影了。

大禹得到黄河水情图后，根据图上的指点，日夜不停地治理，终于治住了黄河。

除了这个传说外，关于"河图"的来历，还有另外一种说法。

传说，伏羲对日月星辰、季节气候、草木兴衰等，进行了一番深入细致的观察。不过，这些观察并没有经过系统的梳理。一天，黄河中忽然跑出了"龙马"。他发现，"龙马"身上有一幅图案，与自己一直观察万物自然的"意象"心得十分契合。就这样，伏羲通过"龙马"身上的图案与自己的观察，画出了"八卦"，而龙马身上的图案就叫做"河图"。

《山海经》中说："伏羲得河图，夏人因之，曰《连山》。"汉代的孔安国也说："《河图》者，伏羲氏王天下，龙马出河，遂则其文以画八卦。《洛书》者，禹治水时，神龟负文而列于背，其数至九，禹遂因而第之，以成九类。"

八卦衍生文字

在汉字产生之前，曾有过一段过渡阶段。最初，是由伏羲根据河图创造出来的八卦符号来表示客观世界。

《易经·系辞传》称："古者庖牺氏（即伏羲）之王天下也。仰者现象于天，俯者现法于地，观鸟兽之文与地之宜，近取诸身，远取诸物，于是始作八卦，以通神明之德，以类万物之情。"又称："是故，易者象也。""易"字亦源于对天上日、月的象形。最古老的文字除了首先得之于观天象之外，同时也从地脉山川的纹理中、鸟兽的足迹里，以及人自己的身体构造和身外的各种事物中得到过启发，从而逐渐发展并完善起来，实现"以类万物之传"的目的。

如此看来，《系辞》的作者并没有把八卦看成文字，而只是把它当作能"通神明之德""类万物之情"的象征性符号。确实，八卦与汉字是两种不同性质的符号系统，将两者混为一谈或者认为文字起源于八卦，都是错误的。但是，两者并非毫无关系可言。

八卦，是古代用来占卜的符号，共有八种，代表八种自然现象。它运用的基本符号是"—"（代表阳）"– –"（代表阴）。八卦中，乾代表天、坤代表地、震代表雷、艮代表山、离代表火、坎代表水、兑代表泽、巽代表风。八卦互相搭配得出六十四卦，从而揭示出宇宙万物的演变。如今，在河南省淮阳县还有座太昊庙，内

有当地人称之为"人文祖爷"的伏羲氏双手抱着看八卦图的雕像。至今，豫东好多县的老百姓每逢二月下旬都要赴淮阳祭祀太昊。

八卦符号和后来的文字有相似的地方，比如用☰表示水的形象，和甲骨文、金文、小篆"水"的字形是一致的。现在的"益"字，上半就是水字的横写，"益"的本义是表示器皿中水满溢出来，"益"就是"溢"的本字。

汉字的原理

常有人称汉字是一个个方块字，但这些方方正正的文字究竟是如何造出来的，其中蕴含的含义又是什么，却鲜有人知道。汉字的精妙、深奥之处，不仅在于其悠久的起源或是漫长的发展，还在于其"方方正正"的结构本身。造字的方法有"六书说"，即象形、指事、会意、形声、转注、假借。

许慎的《说文解字》与"六书"说

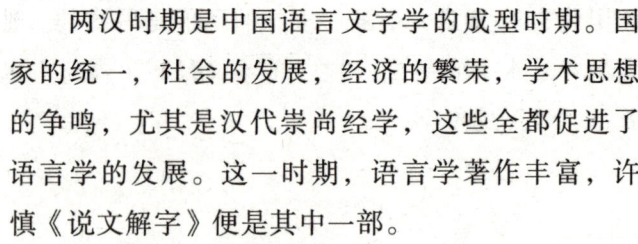

两汉时期是中国语言文字学的成型时期。国家的统一，社会的发展，经济的繁荣，学术思想的争鸣，尤其是汉代崇尚经学，这些全都促进了语言学的发展。这一时期，语言学著作丰富，许慎《说文解字》便是其中一部。

许慎是东汉时期的经学家、文字学家，他所著的《说文解字》是中国第一部分析字形、解说字义、辨识字音的大型字典。《说文解字》又简称《说文》，共15卷，每卷分上下，实为30卷。

全书共收正篆 9 353 字，重文 1 163 字，说解文字共 133 441 字。书中按文字形体及偏旁构造分 540 部，字体以小篆为主。《说文解字》开创了部首检字的先河，后世的字典大多采用这个方式。清代文字训诂学家、经学家段玉裁称这部书"此前古未有之书，许君之所独创"。

《说文解字》之名包含两层意思，一是"说文"，一是"解字"。"文"和"字"不是同一概念，它们反映了汉字发展的两个阶段，即图画符号阶段和标音符号阶段。古代文字学家称独体的字为"文"，称合体的字为"字"。独体的结构当然不能再分解，所以仅进行说明解释，这就是"说文"的意思；合体的结构有两个或两个以上的偏旁，故可以拆分剖析，这就是"解字"的意思。以上两层意思合在一起，就是《说文解字》之名的含意。

许慎前后用了 20 多年的时间，搜集了大量的文字资料，几乎耗费了他一生的主要精力，才完成了这部伟大的著作。

许慎撰写《说文解字》，其主要目的还不在解释某个字义，而

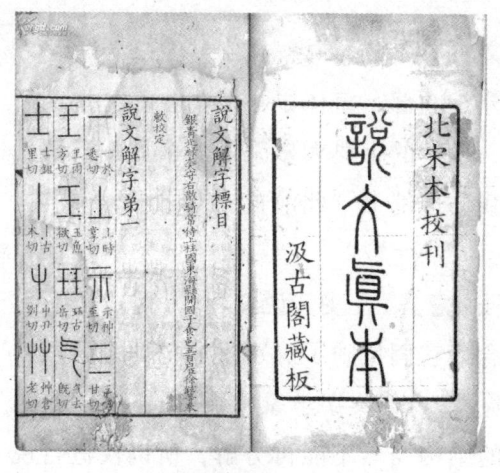

是为了说字解经。汉代，今、古文之争十分激烈，许慎立足于古文经的观点，痛斥"请生""诡更正文""乡壁虚造"的行径，希望通过拆字训诂，从而贯通经义，发扬五经之道，为当时的政治统治服务。

"文字者，经义之本，王政之始"，这是许慎在《说文解字》的自序里写的一句话。这句话集中反映了他撰写《说文解字》的目的：一心想从语言文字的角度去探索圣王之治。可是成书以后，其客观作用、影响和社会价值，却是许慎生前万万没有估计到的，以古代文献为主要研究对象、具有中华民族特色的语言文字学便由于《说文解字》的问世而正式形成。我们今天讨论汉字，仍以《说文解字》作为重要的参考书。

不过，即使是《说文解字》这样对后世影响极深的著作，也存在着一些谬误和讹失。但这并不是因为许慎个人的原因，而是历史的局限性所造成的。《说文》探求字源、解释字义的主要依据是篆文和少数籀文（也称籀文，春秋战国时期行于秦国，字体与秦篆相近）

古文。许慎生活的时代，不仅甲骨文没有出土，就是金文也很少见，因而有时候存在与殷周文不尽吻合的地方。加之汉代经学大盛，许慎的目的又在于说字解经，因而在一些地方也会牵强附会，流露出封建的、阴阳五行的观点。甲骨文、金文的研究考订了《说文解字》的讹误。瑕不掩瑜，虽然《说文解字》存在着一些瑕疵，但不会影响它对后世文字研究做出的贡献。

在《说文解字》做出的诸多贡献中，尤以对先秦以来关于汉字构造的"六书"的总结与发展最为突出。

古人分析汉字时归纳出了"象形、指事、会意、形声、转注、假借"这6种造字方法，称之为"六书"。"六书"理论的萌芽诞生于春秋战国时期，成熟于汉代，为中国文字学的创建和发展奠定了坚实的基础。许慎第一个对"六书"的每一"书"下了定义，给出了具体解说，并且利用这个理论来具体分析当时能见到的所有汉字。在书中对每一个汉字都注明了是"六书"中的哪一类。这标志着"六书"

理论的成熟，也标志着中国文字学的创立。

　　"六书"所说的6种造字方法，互相联系、互相配合、互相补充，而且有各自的特点和作用，它们是一个系统，不能把它们分裂、孤立起来，也不能把它们等同、并列起来。《说文解字》中，许慎用"六书"分析了9 353个汉字的构造。许慎的"六书说"是对中国的古文字学的重大贡献。有学者经过研究认为，今天使用的简化字中有将近半数还能用"六书"原则来分析。

　　"六书"的概念经过许慎在《说文解字·叙》[为第十五卷，在《说文解字》全书之末。古人作叙（序），多置于书末，起总结作用。]中加以具体解说，并举出例子，建立起汉字的造字和用字条例，对后世产生了深远的影响。许慎之后，有不少学者对"许说"加以阐释，推动了"六书"理论趋于成熟，对文字学研究作出了不朽的理论贡献。

　　"六书"作为汉字构造和使用的条例，既指出了汉字的结构规律，也包括了汉字衍生和应用的法则，起着提纲挈领的作用。"六书"的原则对于识读古文字、整理汉字、创制新字提供了较为科学的理论根据。所以，直到今天，"六书"仍有其研究和实用价值。"六书"理论的建立，是古文字学产生的重要标志，在中国文字学史上具有划时代的意义。

象　形

　　象形，顾名思义，就是"象其形"的意思。鲁迅先生说，汉字的基础是象形。象形字就是画物像它的形状，以此形状来表达它的含义。

　　古象形字最突出的特点就是能准确描画出不同事物的典型特征。古代中国人以人本身、动物、自然事物为描画对象，造出了一些很像图画的象形字。但象形字和图画不同，图画是用艺术形象来表达某种含义，跟语言没有关系，而象形字是概括事物外形特征的表意符号，具有符号象征性，和语言是有联系的。生动形象地说，象形字是类似一种能读的"图画"，因为其不仅能让人看出是什么，还有自己的读音。

以"乌"字为例。"乌"是个极为有趣的象形字，与"鸟"字相比，正好切去鸟头上表示眼睛的一短横。画鸟不点睛，这是为什么？我们知道，古人在造字时，对于象形字，需要抓住形象的特征。鸟通体黑色，颈下有一些白羽毛的鸟，古人称鸦，即乌鸦。乌鸦的黑眼睛因和羽毛的颜色相同，看上去就不分明了。所以"鸟"字点睛，"乌"则不见其睛。只凭借短短一横，就可以代表两种事物，可见象形文字抓住事物精髓的精准性。

早期甲骨文的"川"字与"水"字形相似而结构相反。甲骨文的"川"字写作两道弯曲的竖线，两道竖线中间是一条虚线。竖线表示岩壁耸立的两岸，中间的虚线表示急湍的水流。造字的本义是：山谷间由山涧、溪流汇成的湍急小河。由此就可以生动地区分出"川"与"河"的区别。川是山谷间陡峭地带窄浅的湍急水流，河是开阔地带深广的舒缓水流，即川是较小的河，是河的上游；河是较大的川，是川的下游。

在造字时代，水流的源头叫"泉"；石壁上飞溅的山泉叫"水"；由山泉汇成的水叫"涧"；山涧在地面汇成的清流叫"溪"；众多小溪汇成的水流叫"川"；众多川流汇成的大川叫"河"，最大的河叫"江"。

另外，"田"这个字，也是象形字里的典型。许慎在《说文解字》中说："树谷曰田。"田与种地是脱不了关系的。不论是甲骨文的"田"字，还是金文、篆文的"田"字，或是现在的"田"字，其变化并不大，几乎都像是被分割了的方格。因为古时田的本意是种地（后用"佃"字表示种地），所以其字形也就酷似阡陌纵横的一块块农田。

"田"是汉字的一个部首，从"田"的字多与田猎耕种有关。

象形字这种"图画"属性在提供了趣味生动性外，同时也带来了局限性。因为有些实体事物和抽象事物是画不出来的，所以在汉字中象形字并不多，在《说文解字》里只有364个。汉代以后，一千多年来只造了"伞、凹、凸"等少数几个象形字，现在已不再用这种方法造字了。象形字为数不多，却是汉字造字的基础。后来的合体字有相当一部分是用象形字构成的。例如"人"是"企、伐、佟、俭、仙"等字的构字成分，"贝"是"财、购、贸、狈、败"等字的构字成分，"马"是"驴、驮、驾、妈、骂"等字的构字成分。因此，从字源上了解象形字的形、义、音，可以帮助我们掌握一大批现代通用汉字的字义和读音。

经过长期变化，很多象形字都变得不象形了。可是，汉字从产生到现在还没有发生文字体系的大变动。在同一文字体系中，字形的变化是渐进的。因此，至今有些汉字还留着一条象形的"尾巴"，仔细琢磨一下就可以看出它们的影子，例如口、身、耳、手、山、井、水、火、云、电、雨、伞、门等。

前边谈的象形字，是就字的来源而言。有些字不管它的来源，单就它现在的字形来说，也有很强的象形性。例如"笑"，不管许慎说"打竹板奏乐使人笑得直不起腰（夭）来"也好，也不管苏东坡说"用竹子打犬不可理解"也好，人们越看它越觉得它喜眉笑脸。"哭"字，有人说它是"犬的叫声像人哭"，越看它越觉得它像个顽童在张口大哭。"甩"字同样如此，越看越像一只手用力往外扔东西。简化字"风"也有一种横扫落叶的气息。再如"喜"，也很像人们张口喜乐的样子。

象形字虽然有无法克服的局限性，却是造字的基础。以象形字为基础，汉字发展成表意文字，增加了其他的造字方法，例如"六书"中的会意、指事、形声。然而，这些新的造字方法，仍须建基在原有的象形字上，以象形字作基础，拼合、减省或增删象征性符号而成。

指　事

指事字是独体字，在汉字中数量极少，《说文解字》里仅有125个，汉代以后，几乎没有再造指事字。指事字不同于象形字，它是一个独体实物的形象，是在独体实物形象（象形字）上加指事符号，或者纯粹的抽象符号。象形字的特点是"指点"，表意没有那么明显，一般可以单独画出来的；指事字所表示的东西是抽象的，或者虽不抽象，却是局部的，不便单独表示出来的。用简单的符号表示抽象的、复杂的、不能象形的意义，终究是比较困难的。而且，真正抽象的意义，既然无形无象，也就难以"指点"出来。例如"休息"的"休"和"忍耐"的"忍"，这些"事"怎么"指"？所以，汉字里指事字比象形字还少。

指事字是一种抽象的造字方法，当没有或不方便使用具体形象画出来时，就用一种抽象的符号来表示，例如"上""下""凶"等字。"上""下"两个字是用弯曲的横线为界。在横线上用一点或较短的短线指出上方的位置，就是"上"字；在横线下面画一点或较短的短线，则是"下"。再如"凶"字，是指地上有一个深坑，走路的人没看见而踏空掉进坑里，"凵"代表深坑，中间的"乂"则象征人掉下坑时的那种惊吓感觉和危险情形。

指事字的类型可分为3种：独体指事、合体指事和变体指事。

独体指事是指凡是独体的文字，在形体上没有经过后来的增减或变更，用来表示抽象事类，也就是指事正例。这类独体的字，通常都是以线条符号来指明抽象事物的意象。如：上、下、一、二等字。

合体指事是指当已有的文字形象或符号不足以表达抽象概念时，就在这成文的形象上，加些点画以引出概念的方法，亦即以一个文为主体,附加不成文的符号,二者相合而成的文字。如:元、示、中、屯、牟、牵。

最后是变体指事。为了要表达抽象的意念,往往把一个成文的形象加以变化或减省一个成文形象的部分笔画,透过这种变化,使人领悟到另一层相关的概念。这种变易,通常是指位置上的变易,如有的左右相反,有的上下颠倒。变体指事字有:乏、廷、逆、世、臣、幻、夏、巾等。

指事字作为一种独体字,注定与象形字息息相关,从上面的一些例子中就可以看出,象形字是指事字的基础,没有象形字,就不会有指事字。

以"本"字为例。"本"字原义是树根。用什么方式来表示树根呢? 甲骨文的"本"字是在"木"这个象形字的下部画上 3 个小圆圈,这 3 个小圆圈就是指事符号,用以表明这是树木的根部,因而构成了甲骨文的"本"字。演变为小篆字体的"本"字,3 个小圆圈简化成为在"木"字下的一横,故《说文解字》说:"本,从木,一在其下,木下曰'本'。"后来,作为"根"的本义的"本"字,又有了多种字义。如:引申为事物的根源的"本",溯本穷源;此外,还有本钱的"本",本意的"本",本地的"本",版本的"本",本领的"本"等各种字义。

然后说一说"寸"字。"寸"字在甲骨文中的写法,和甲骨文中的"又"字是一样的。"又"字在甲骨文中是像一只右手的文字符号。"寸"字的小篆字体是在象征右手的文字符号的手掌近处,加上一条短横线,这是一个指事符号,表明这里就是寸口之处,构成"寸"字。《说文解字》中说:"又,手也,象形。"说明"又"字就是"手"的象形字。《说文解字》又说:"寸,十分也,人手却一寸动脉谓之寸口。"意即一寸是十分,人的手掌往后退一寸的地方就是寸口。"寸"字的本义指长度单位,十分为一寸。后又引申为形容极小或极短，如：寸步难行、鼠目寸光、手无寸铁。

除了以上两个例子外，还有许多典型的指事字，如"刃""朱"等。这些字都是以象形字为基础创造的，就如前面所说，二者息息相关，象形字如树，指事字如藤，相依相附，却有着各自独立的意义。

会 意

会意字是用两个或几个象形字组成一个字，表示一种新的意义的字。会意字必须具备两个条件：一是由两个或两个以上的独体字组成，二是两个以上形体组合在一起必须构成一个新的意义。比如"林"由两个"木"组成，构成新义；"休"由"人"和"木"组成，合在一起表示一个人靠在树上休息。

会意字分为同体会意字和异体会意字两种。同体会意字是用相同的字组成。如"从"字是一个人跟着另一个人向前走，表示跟从；"比"，表示两人接近并立。异体会意字是用不同的字组成。如"武"，从戈从止。止是趾本字，戈下有脚，表示人拿着武器走，有征伐或显示武力的意思。

会意字最能体现汉字的表意趣味性和中国人的智慧。古代人用"朝"字表示早晨。这个字的左边，双"十"分别位于"日"的上下，"十"为十方，代表上下、东南西北、东南、西南、东北、西北字形以日为中心向周围呈扩散状。字的右边是"月"，古时以左为东，右为西表示在西边的天空还能看见月亮。这正是日月同在的早晨景观。

会意是为了补救象形和指事的局限而创造出来的造字方法。和象形、指事相比，会意具有明显的优越性：第一，它可以表示很多抽象的意义；第二，它的造字功能强。直到现在人们还用会意的方法创造汉字，例如"灶、尘、国、孬、歪、甭"等。

因会意字需由两个或两个以上的形体组合，故组合的方式多种多样、交叉错综。这也是用会意的方法造字"高产"，数量多于象形字和指事字的原因。拿"人"和"木"说，"人"和"人"可以组合为"从、众"等，"人"还可以和其他形体组合为"保、伐、付、伍"等；"木"和"木"可以组合为"林、森"，"木"还可以和其他形体组合为"析、相、采、困"等。

关于会意字，一直流传着许多非常有趣的故事。古时候，有个孩子叫徐儒，聪明绝顶，小小年纪不仅博览群书，对周围事物也有着深刻的认识以及独到的见解。有一天，徐儒正在家里看书，忽然听到外面传来"咚咚咚"的砍伐声。徐儒放下书，出门循着声音望过去，原来是邻居郭先生在院子里砍树。那棵树枝叶茂盛，郭先生夏天总是在下面纳凉，今日怎么要砍掉这树？徐儒不解，连忙跑过去询问："郭先生，你为什么要砍掉这棵树？"

郭先生放下手中的斧子，指了指自己院子的围墙，对徐儒说道："你看，这四四方方的院子里长着一棵树，院中有木，这不就成了窘困的'困'了吗？"

徐儒听后，想了想，说："先生，可你把树砍掉后，这院子里就剩下了'人'，这不又变成了囚犯的'囚'字了吗？"

郭先生一听大惊，着急地说道："真的是这样！这该如何是好啊！砍也不是，不砍也不是，难道要我拆了这院子才好吗？"

徐儒笑着说道："人做什么事，和字又有什么关系呢？"

郭先生听了，觉得徐儒说得有理，便不再砍院子中的树。

这则小故事生动地体现了会意字的特点。一棵树被围在四四方方的院子里就是"困"，将木换成人困于中，就又成了"囚"，真是不能不赞叹会意字的巧妙啊！

还有一则故事，是发生在苏东坡和佛印和尚之间的趣事。佛印和尚是个"酒肉和尚"，从不戒酒肉，性情放荡不羁，但为人机智幽默，与苏

东坡志趣颇为相投。这一日，苏东坡前去金山寺看望佛印和尚，刚走进院子里，就闻见一股酒肉香气从禅房中飘出。

原来，佛印和尚今天杀了一条黑狗，此时正独自躲在禅房里享受刚刚炖好的狗肉大餐。听见苏东坡在外叫门，他慌忙把酒肉藏了起来，藏好后才打开房门迎接来客。

苏东坡在门外早将佛印和尚的动作看得一清二楚，心想这和尚竟不将酒肉拿来分享。苏东坡进了门也不直接指责佛印和尚的"小气"，而是对佛印和尚说道："今天写诗的时候，有两个字怎么也想不起是怎样写，所以特意前来请教大师。"

佛印和尚连忙说道："请问是哪两个字？"

"一个'犬'字，一个'吠'字。"苏东坡回答道。

佛印和尚一听，哈哈笑了起来："小僧还以为是哪两个难解的字，原来是'犬'和'吠'啊！'犬'字的写法是'一人一点'，'吠'字是'犬'字旁边加一个'口'。"

苏东坡听了也笑了起来，说道："既然如此，那你快把藏起来的酒肉端出来，一人一点，加上我这一口来吃吧！"

佛印和尚这才知道，自己藏肉的事情早就被识破了，非常不好意思，连忙将酒肉拿出来与苏东坡一起享用。

过了几日，苏东坡正在书房里吃一盘喷香的烧鱼，忽然从窗子里看到佛印和尚来了。苏东坡本想出门迎接，转念一想，上次他把狗肉藏起来，亏我用点儿小技巧让他拿出来分享，这次也不能让他轻易吃到，于是赶忙将鱼藏到书架上。

在门外的佛印看到了苏东坡藏鱼的举动，也不点破，笑嘻嘻地走进屋里。佛印和尚走进苏东坡的书房，坐到椅子上，作出严肃的神情说道："今日来，是想请教一个字的写法。"

"哪个字？"苏东坡问。

佛印答："就是贵姓'苏'字。"

苏东坡知道佛印问这个字定有玄机，但也没有说破，认真讲解道："'蘇'（苏字的繁体字）字是上边一个草字头，下边的左面一个'鱼'，右面一个'禾'。"

佛印又问："'鱼'放在右面，'禾'放在左面，行吗？"

苏东坡说："也行。"

佛印接着问："那'鱼'放在上面呢？"

苏东坡忙道："这样当然不行！"

佛印一听哈哈大笑，说："既然'鱼'放在上面不行，那你还不赶快把上面的鱼拿下来一起吃！"

苏东坡这才恍然大悟，也不再难为佛印，连忙将放在书架上的鱼拿了下来。

这些古时的文史故事充分体现了会意字的精妙智慧之处，往往每一个会意字都值得人在脑中深深思索一下。上面所说的苏东坡与佛印和尚的故事，实际上是拿会意字相互开的玩笑。许多会意字是很有趣的，透射出先民们的丰富联想和率真的态度。这也是后世文人墨客以汉字作游戏的基础。

形　声

形声字是用一个表示意义的形旁和一个表示读音的声旁组成的字。象形字、指事字、会意字中的偏旁只表意，不表音，而形声字是用形旁表意，用声旁表音，可以说是"音容并茂"。形声字的产生使汉字的性质发生了重大变化，由表意文字过渡到表意兼标音的文字，形成了汉字的新阶段。形声字打破了单纯用形体表意的造字方法，可以大量造字，形声字因而成了汉字的主体。《说文解字》的 9 000 多个字，形声字几乎占了 80% 以上。

形声法有两种造字方式，一种是形旁加声旁，一种是声旁加形旁。"形旁加声旁"的造字方式好像是给"图画"标上音；"声旁加形旁"的造字方式好像是给声音配上"图画"，即用一个表示读音的字作声旁，分别加上表示不同意义的字作形旁。两种方式都可以造出大量形声字。

形声字的形旁和声旁的组合有六种方式：左形右声、右形左声、上形下声、下形上声、外形内声、内形外声。其中，左形右声的最多，如"抱、妈、松"等；上形下声的也比较多，如"简、菜、花"等。这也造成了"秀才识字认半边"的现象。"秀才识字认半边"，主要是对形声字说的，意思是从形旁可以认识字的意思，从声旁可以念出字的声音。

当然，这种"认半边"的行为是不可取的，原因有三点。一是声旁和形旁没有一定的标志，形声字和会意字形式上没有什么区别；二是声旁和形旁没有一定的位置，知道某字是形声字也难以确定哪是"声"，哪是"形"；三是简化字常"省形""省声"，形旁和声旁不成一个字，或者成为另外一个字，例如"喬"现简化为"乔"。

关于形声字有一则有趣的故事。从前，一户有钱的人家，选了个财主的独生子做女婿。这个女婿有财有势，只是很傻。有一天，岳父过六十大寿，傻女婿和妻子一起去祝寿。临走前，妻子再三嘱咐他：今天是我爹六十大寿，说话要多带几个"寿"字。傻女婿也不明白为什么要多带"寿"字，只记得要多说"寿"字。

傻女婿来到岳父家时，早已宾客盈门，傻女婿见了蜡烛就叫"寿烛"，见了点心就叫"寿糕"。岳父又惊又喜，高兴地想傻女婿变得聪明多了，立即叫人拿桃子给女婿吃。傻女婿见了桃子，就叫"寿桃"。岳父更加高兴，吃面条时，还特意把傻女婿拉到身旁。傻女婿边吃边说："你们看，这'寿面'多长啊！"

宾客们听了，个个点头称赞。岳父更是心里乐开了花。忽然，有只苍蝇在岳父身上打转，后来停落在岳父头顶上。傻女婿见了，伸手就去拍打，"啪"的一声，苍蝇没有拍着，却正好打在岳父的头上。

傻女婿连忙道歉，道歉也不忘妻子嘱咐的"寿"字："爹，我是想去打您寿头上的苍蝇，没想到把寿面泼在您的寿衣上了。"

岳父听到傻女婿称自己的衣服为"寿衣"，气得一句话也说不出了。傻女婿看不出岳父眉宇间的怒气，吃完了面，继续绞尽脑汁地说"寿"字。他看到桌子上的一个红木匣子很好看，便对岳父说："这寿木寿材可真漂亮啊！"

听到这么多不吉利的话，岳父终于气得昏死了过去。

"寿"字是个形声字，写法很多。"寿"过去的写法，上面是个"老"字，省掉了"匕"作形旁；下面的部件表示声旁。我们今天所说"祝寿""寿诞"，都是指过生日，祝贺生日的。古代的人敬酒、献物、献辞，都可以说"祝寿"。然而，由"寿"组成的词中的含义，并非都是颂好的，那个傻女婿就不懂"寿"的含义和不同用法，就出大笑话了。

从汉字发展的角度来看，形声造字法不仅突破了象形、指事、会意造字的局限，找到了为许多原形无象、有意难会的事物造字的简便方法。中国的汉字虽然没有演变为纯标音的文字，但是由于形声造字法的发明和表声字的迅速增多，现今使用的汉字形声字占85％以上，这就在很大程度上加强了汉字的表音功能，也说明中国的汉字同样是在遵循共同的声化规律。发展、演变的汉字之所以具有强大的生命力，其中形声字起有很大的作用。

转注与假借

转注，许慎在《说文解字·叙》中解释为："建类一首，同意相受，考、老是也。""建类一首"是说，转注出来的字和本字属于同一个部首；"同意相受"是说，转注字和本字意义相同；从"考、老"的举例可见，转注字和本字声音相近。形似、义同、音近，这就是转注的条件。

文字是记录语言的符号，而语言是发展变化的。一个词，读音变化了，或者各地方音不同，为了在字形上反映这种变化或不同，因而给本字加注或改换声符，这就是转注。说得通俗易懂一些，转注字是为他人作嫁衣。

转注的三个条件：同部（形似）、同义、音近，其中"音近"是个值得注意的条件。之所以要"转注"，就是为了使文字反映语音的变化和不同。如果"音同"，那就没有必要造转注字了。"音近"即所谓"一音之转"，"转注"就是把这"一音之转"在字形上"注"（标示）出来，不是两个字"可以互相注释"的意思。"转注"这个名称，是作为"造字法"提出来的。

许慎以"考""老"两字作为转注字的字例。实际上，这两个字一为形声字，一为会意字。这又做何解释？一些学者认为，转注和假借都是用字的方法，不是造字的方法。清代学者戴震认为："指事、象形、形声、会意四者，字之体也；转注、假借二者，字之用也。"说的就是这个意思。所以，在《说文解字》中所收的字下面，许慎并没有注明哪一个字是转注字，而只是用在这些象形、指事、会意、形声中的字去转注。

假借也是"六书"之一，是"六书"中"四体二用"中的"二用"之一。许慎在《说文解字》中说："假借者，本无其字，依声托事，'令''长'是也。"

语言中产生了新词，要有新字去记录，为了不增加太多的新字，就在已有的字中，选取声音相同的字去记录，这就是"本无其字，依声托事"。这种字就叫做假借字。

假借有几种情况：一是一个字被借，借而不还，本义另造新字。这是另造新字的方法之一，是在本字上加表示本义的形旁。例如："孰"本义是食物加热到可吃的程度，后借为疑问代词，为了区别本字和借字，本字加形旁"火"而为"熟"。

二是一个字被借，借而又还，借义另造新字。即改换本字的形旁，另造新字。例如："解说"的"说"，借为表示喜悦的"说"，后来改"言"为"忄"，为借字造了个新字"悦"。

三是一个字被借，身兼二职，本义和借义并行。例如："征"的本义是征伐，假借为征税以后，本义和借义都没有另造新字。

四是一个字被借，本义消失，借义独存。例如："难"字从隹，本是鸟名，假借为"难易"的"难"，本义消失，借义独存。

假借字虽然有时候能有通用或者借用，但具体情况还得具体分析，否则就会闹出一些笑话。下面讲一个肘上生柳（瘤）的故事。

古代，有两位学者在昆仑山的一个土坪上观察大自然变化。他们一个叫支离叔，另一个叫滑介叔。两个人边看边交谈。

"哎呀！我的胳膊怎么感到痒痒的？"支离叔说。

说也奇怪，话音刚落，只见他左胳膊肘上就生出一个"柳"来。支离叔感到吃惊，很讨厌它，他问滑介叔是否也对此讨厌。不料，滑介叔却说："我不讨厌。"

"那为什么不讨厌呢？"

"生出个'柳'，岂不是件怪事？而且人的胳膊肘上怎么会无缘无故长出'柳'来呢？"

支离叔恍然大悟，说道："我说的胳膊肘上生出的'柳'，不是柳树枝的'柳'，而是肿瘤的'瘤'啊！"

滑介叔不太相信地说："这个'瘤'怎么长得那么快呢？刚才还痒痒的，一下子就成了'瘤'了。"

支离叔又问他："你对'瘤'厌恶吗？"

滑介叔回答说："亡。"

"'亡'指什么意思呢？"

"就是没有啊！"

以上两人的对话有些无厘头，不过却可以说明：原来"柳"与"瘤"；"亡"与"无（没有）"都是汉字里的通假字。

嵌入纸面的汉字，看上去安静至极，当它有了属于自己的读音，就变成了有声的汉字，就彰显了灵动的一面。汉字与拉丁字母交往已有几百年的时间，沟通了它与世界各国的联系，同时也让每一位中华儿女与汉字相识。关于汉字的读音，有历史，有故事，有韵味。

第三章 读音的方法

古代的注音方法

汉字的出现，是中华民族文明的象征。作为人类表达的另一种形式，汉字无疑是记录和传承文明的工具。从古至今，人们学习知识、了解社会，都是从汉字开始的。每个汉字都有属于它的读音，而这些读音在中国古代并不存在。那么，在既没有音标，也没有拼音的情况下，中国古代的注音方法是什么呢？

在中国古代，人们选取汉字作为注音工具，并先后产生了四种常用方法："譬况法""读若法""直音法""反切法"。这些注音方法不仅对古代产生了重要的影响，对于现代语音等方面的研究也产生了重要的影响。

譬况法，是用简单的语言描述汉字的发音情况。一般分为以口势譬况、以舌位譬况、以送气急缓和声调长短譬况等。比如《公羊传》中有一句话："春秋伐人者为客，见伐者为主。"这句话中的两个"伐"字意义不同——攻击别国和被别国攻击。为了明确意义，就要在发音上有所区别。为此，古人对两个"伐"字分别作了注解："伐人者为客，读伐长言之"，"见（被）伐者为主，读伐短言之。"靠读音的长短来区分，这样听者就很明确了。

《管子》一书中曾记载了一个和譬况法发音有关的小故事：

齐桓公和管仲秘密地商量攻打莒国，不料事情却被大臣东郭牙传了出去。对此，齐桓公

感到很疑惑，明明自己只和管仲说起过此事，东郭牙是怎么知道的呢？于是，齐桓公找到东郭牙问个究竟。东郭牙坦言："臣视二君之在台上也，口开而不合，是言莒也；举手而指，势当莒也；且臣观小国诸侯之不服者，唯莒。"原来，东郭牙本身并没有听到齐桓公与管仲之间的对话，而是通过二人对话时的口形、手势，再结合当时的政治军事形势加以判断才得出了结论。这就是运用了"以口势譬况"的方法。

读若法，是用同音字或音近字来进行注音。如《说文解字》："唉，应也。从口矣声，读若埃。""鼾，卧息也，干声，读若汗。"有时"读若"也写成"读如""读为""读曰""声同""声近"等。又如，"珣，读若宣""蜡，读若狙司之狙"。这种方法以求相同或近似，但是随着时间的推移，口口相传之间也难免使某些字的发音产生变化。

直音法，是选用一个与被注字读音完全相同的汉字来注音。"无同音之字则其法穷，或有同音之字而隐僻难识，则其法又穷。"也就是说，如果被注的字没有同音字，那就没办法注音了，或被注的字有同音字但其同音字很生僻，这样注上去读者还是难以拼读。比如，《汉书·高帝纪》中记载"单父人吕公善沛令"，其注引孟康的话说："单，音善；父，音甫。"清代著名学者陈澧在《切韵考》中指出："今直音与古人读若不同，古人读若取其近似，今直音，非确不可。"由此可见，直音法在读音上较为精准、确切。

相比读若法，直音法似乎更有局限性。在无同音字或同音字较冷僻的情况下，就往往注不出来或注音不准。比如旧版《辞源》注"仍"用"成"，音不准；注"怃"用"嚣"，两个字都难认，注了等于不注。

反切法，是用两个汉字合起来为一个汉字注音的方法。即用前一个字的声母和后一个字的韵母和声调拼出一个新的读音来。如：

"红，胡笼切。"即，红（hóng）＝胡（hú）＋笼（lóng）。

最初，反切法被简单地称为"反"，东汉学者服虔在为《汉书》作注时写道："惴，音章瑞反。"唐代宗时期，统治者很忌讳这个"反"字，于是将其改为"翻"字，再后来"翻"字改为"切"字。《本草纲目》卷二十五写道："糇，去九切。"

用"反切"注音，不但每一个字都能标音，而且能标得比较准确，比起"譬况法""读若法"和"直音法"，可以说是有了一个突破。这种注音方式持续使用了相当长的时间，《康熙字典》中的文字主要就是采用反切法注音。

反切法可以准确地将汉字的读音注出，但它还是有自身的弱点，比如，为"武"字注音时可以写成"文甫切"，还可以写成"闻斧切"或"温鲁切"等，这样一来，用来做注的两个字就难以固定，不便记忆。有时，用来做注的两个字笔画很多（古代多为繁体字），写起来十分复杂，为书写带来极大的不便。同时，因为汉字是方块字，要用两个汉字去拼合出另一个汉字来，实际使用中总感不便，而且由于注音在变化，有些字已经很难"切"出它的读音了。另外，同一个声母或韵母可以用几个、十几个甚至几十个汉字表示，如用"t"作声母的字，就有"同、徒、贪、叹"等等，总体来看，用作反切的字不能划一，掌握起来难度比较大。

现代的注音方法

从1892年到1911年，在这属于清朝临近尾声的最后二十年中，发生了一次有关汉字及其读音的革命——"切音字"运动。

1892年，卢戆章的《一目了然初阶（中国切音新字厦腔）》在厦门出版，揭开了这个运动的序幕：社会上出现了第一种切音字方案和第一部关于切音字的著作。

卢戆章（1854—1928年），字雪樵，福建同安县古庄乡人。他21岁到新加坡半工半读，专攻英语。25岁回厦门教中国人学英语，教外国人学厦门话。在厦门的教会中，卢戆章受到了罗马字的启发，萌生了创制拼音文字的想法。从28岁开始，他"屏弃外务，朝夕于斯，昼夜于斯"。经过10年的努力，终于在1892年写成了第一个中国人自己创制的字母式的拼音文字方案《一目了然初阶（中国切音新字厦腔）》，并手抄全文，自费刻印出版。

卢戆章的方案采用的字母是拉丁字母的变体，他取拉丁字母的三种笔画，加以变化，编制出一套55个字母的拼写方言（厦门、漳州、泉州等）的切音字方案。他的方案虽然是拼写方言的，但他主张语文统一，"以一腔为主脑"。他认为："以南京话为通行之正字，为各省之正音，则十九省语言既从一律，文话皆相通；而中国之大，犹如一家，非如向之各守疆界，各操土音之对面无言也。"

卢戆章认为："窃谓国之富强，基于格致；格致之兴，基于男妇老幼皆好学识理；其所以能好学识理，

卢戆章
(1854-1928)

卢戆章，厦门同安人，居住鼓浪屿，语言学家。1892年在厦门首创切音新字，开中国拼音字母之先河，并在推广京音统一语言、推行白话口语、使用简体汉字、提倡新式标点、实行横排横写等方面，贡献卓著，是中国语文现代化运动的先驱。

基于切音为字。"切音为字，就可以做到"字话一律"，"字画简易"。从而，人们可以"省费十余载之光阴，将此光阴专攻算学、格致、化学以及种种之实学，何患国不富强也哉"。

当然，卢戆章也深知"中国字或者是当今普天下之字之至难者"，他主张"切音字与汉字并列"，通过切音字"可无师自识汉文"的同时，也反对废除汉字，这也就促成了一种"切音字与汉字并行"的观点，从而成为"切音字"运动的一个普遍观点。

1898年，光绪皇帝实行变法维新，宣布"广开言路"，"奖励新著作、新发明"等。京官林辂存呈《上都察院书》，推荐卢戆章等的切音字方案。呈文得到各堂官会衔代奏。无奈风云变幻，新政很快失败，"百日维新"结束，奏请用切音字的事也不了了之。

维新运动失败后，卢戆章应当时的台湾总督邀请，去台湾主持总督府学务科。在台湾三年，他受日本假名字母的影响，放弃了变体拉丁字母的方案，设计了汉字笔画式的方案《中国切音字母》。这个方案有声母25个，韵母102个，主要用来拼写北京音，也可以拼写泉州、厦门、福州等方言。

1905年，卢戆章到北京，向清朝政府学部递交了《中国切音字母》方案。被驳回后回厦门，在民间推行他的方案。途经上海时，他把《中国切音字母》修改、补充，改名为《北京切音教科书》。此外，他还出版了包括北京、福州、泉州、漳州、厦门、广东等六种切音字方案《中国字母北京切音合订》。

1910年，郑东湖提出了切音字运动中的最后一份方案，即《切音字说明书》。参加这个运动的各方面的人士，包括康有为等维新派领袖人物在内，都提出了不少的主张，使这个运动的理论建设和推行实践相当活跃。康有为在他的著作中提出"凡文字之先必繁，其变也必简"的观点和"以字母取音，以简易之新文"来书写"中国名物"的设想，并亲自拟制拼音方案。梁启超为沈学的《盛世元音》

写序，介绍切音字运动，赞成创制拼音文字，主张汉字和切音字并存。谭嗣同也在他的《仁学》中积极提倡拼音文字，提出"尽改象形为谐声"（即拼音）的主张。

据倪海曙《清末汉语拼音运动编年史》所载，1892 年到 1910 年，全国各地提出的"切音字"个人方案有 28 种。从字母形式看，有几种类型：汉字笔画式 14 种，速记符号式 5 种，拉丁字母式 5 种，数码式 2 种，自造符号式 1 种；从音节的拼音方式看，有 17 个是声韵双拼制，4 个音素制，1 个三拼制，6 个拼法不详；从拼写的语音看，有 10 个是拼写官话音的，9 个是拼写方言的，9 个拼音不详。从总体上看，"切音字"运动的主流是拼写官话音的双拼制汉字笔画式字母方案。

1911 年，清政府的学部召开"中央教育会议"，议决统一国语办法案。提案虽然通过，但是腐朽的清朝政府临近崩溃，实属"心有余而力不足"。

1913 年 3 月 12 日，中华民国教育部召开了"读音统一会"，目的是为了统一字音。当日，会议通过了鲁迅、许寿裳等多位学者的提议，将章太炎研制的一套注音符号修订为"注音字母"。

"注音字母"即为汉字注音而设定的符号，在《汉语拼音方案》公布前的数十年间，人们一直使用"注音字母"。这套注音字母起初有 38 个，后来经过多次调整确定为 37 个。其名为"字母"，实际上绝大多数是由一些笔画简单的古代汉字（有的略加修改）组成的。利用笔画简单的汉字作为符号，且每个符号都有准确的读音，书写起来又比反切注音便利，可以说这是注音史上一次新的飞跃。

同年，卢戆章代表福建省参加在北京召开的"读音统一会"，对会议通过的注音字母采用三拼制持不同意见，回厦门继续推行他的方案。1915年，他出版了第三个汉语拼音方案《中国新字》，也是汉字笔画式的。1920年，他应陈炯明的聘请，到漳州去教注音字母。这时，他不再反对注音字母，还设计了一套用于拼写厦门、漳州、泉州方言的注音字母。

作为汉字改革运动的揭幕人，卢戆章在汉字改革的理论和实践方面都作出了有益的贡献。

除了卢戆章以外，在此次"切音字"运动中，还有一位主将，他就是王照。

王照（1859—1933年），字小航，号"芦中穷士"，河北宁河县人，1891年中举人，1894年中进士，入翰林院供职。他是个爱国知识分子，赞成变法维新。变法维新失败后，王照作为"戊戌党人"被通缉追捕，逃亡日本避难两年。

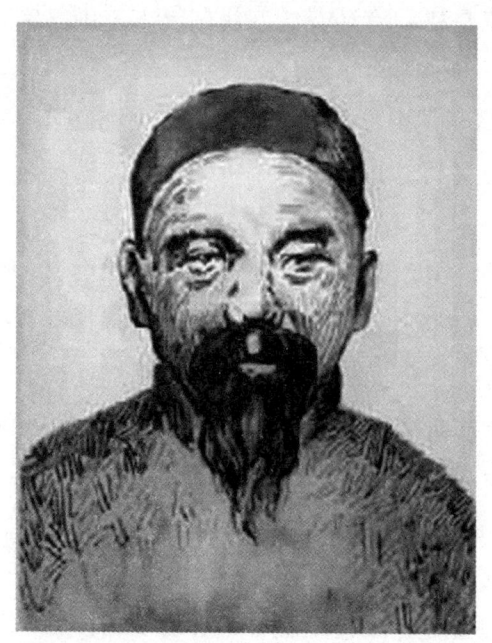

在日本期间，王照受日本假名字母的启发，制定了一个假名式汉语拼音方案。1900年，他秘密回国，潜居天津。这年冬天，他用"芦中穷士"的笔名发表了双拼制假名式方案《官话合声字母》。

王照创制官话字母的目的是想通过文字改革，普及教育，唤起民众，救国图强。他认为"欧美各国，教育大盛，政艺日兴，以及日本号令之一，改变之速，固各有由，而初等教育言文为一，容易普及，实至要之原"。然而，由于汉字繁难，"吾国通晓文义之人，百中无一"。因此他决心创制容易学习的拼音文字，立志从事普及教育工作。他的《官话合声字母》，就是"纯为多数愚稚便利之计"，"全是为不识字的人兴出来的"。

《官话合声字母》是最早的汉字笔画式方案。这个方案，初稿有49个字母（声母），15个喉音（韵母）；后来改为50个字母（声母），12喉音（韵母）。王照把汉语语音的 i、u、ü 三个字母，合在声母当中，这是为了便于双拼。

王照在《官话合声字母》一书的"新增例言"中，说出了他对切音字的几点设想：

第一，采用官话。"语言必归划一，宜取官话。因为北至黑龙江，西逾太行宛洛，南距扬子江，东溥于海，纵横数千里，百余兆人，皆解京话。……京话推广最便，故曰官话。官者公也，公用之话，宜择其占幅员人数多者。"

第二，拼写白话。他声明："此字母专拼白话。""专拼北人俗话，肖之即不误矣。……若以拼文话则读音有混淆误解之弊，是必不可。"明确地提出拼音文字只适用于拼写白话，不适用于拼写文言的观点。

第三，拼音方案可以"士民共用"。他说，"此字母虽为贫人及妇女不能读书者而设"，"然若读书人习之以备教人，且与下等人通书信亦甚便也"。

第四，汉文和官话字母互为补充。"汉文及俗话互有长短，不特吾国旧书终古不废，以后翻译西书用汉文俗话并行，互为补助，为益更多。"他认为拼音文字并不排斥汉文，更不能代替汉文，主张"勿因有捷法而轻视汉文"，而应并行并用，互为补充。

王照的方案是中国最早的汉字笔画式的官话音拼音方案。在切音字运动中，他的官话字母推行最广，且深入人心。可谓是"各地私相传习，一人旬日而通，一家兼旬而遍，用以读书阅报，抒写议论，莫不欢欣鼓舞，顶礼祷祝"。

与此同时，《官话合声字母》的推行也得到社会上一些知名人士的支持。在天津名流、翰林院编修严修的保护下，《官话合声字母》于1900年正式出版；第二年，又在东京出版，在中国留日学生及家属中传授。

1903年，王照背着"奉旨严拿"的名号，冒险在北京设立"官话字母义塾"，由他的学生王璞当教员，自己在屏风后面倾听。同年，管学大臣张百熙奏定"学堂章程"，把"官话"列入师范和高等小学的课程。同时，直隶大学堂学生何凤华等六人，联合上书袁世凯，要求"奏明颁行官话字母，设普通国语科，以开民智而救大局"。袁世凯为发展其势力，也赞成官话字母，批示"可以酌情试办"。1904年，袁世凯命保定蒙养学堂、半日学堂、驻保定各军营试教官话字母。

1904年，王照在保定创办了"拼音官话书报社"，并出版了《对兵说话》官话字母书。次年，王照回到北京，

开办"官话字母第一号义塾"。推广官话字母的义塾发展起来,达24处之多,识官话字母的人达数万人。大名县知事严以盛创办"官话拼音学堂",上书袁世凯,要求广为设立拼音学堂,得到了批准。

官话字母从1900年到1910年,推行了10年,遍及13个省,编印书籍达六万余部,成立推行官话字母的团体达数十个。不得不说,王照是切音字运动中最有影响的代表人物。

1913年2月,读音统一会在北京召开,会议的主要任务是"审定一切字的国音发音"和"采定字母"。会议开了三个多月,最终审定了6500个汉字的读音,用各省代表投票的方法确定了"标准国音";拟定了一套注音字母,共39个,这套字母采用汉字笔画式,字母选自古代汉字,音节采用声母、韵母和声调的三拼制,对双拼的反切法进行了改进,其用途仅在于标注汉字读音,不作为拼音文字。这套注音字母后来减为37个,比双拼切音字的方案中的字母几乎减少了一半。

注音字母通过之后,搁置了五年,于1918年由北洋政府教育部正式公布。1920年,全国各地陆续开办"国语传习所"和"暑期国语讲习所",推广注音字母,全国小学的文言文课一律改为白话文课,小学教科书都在汉字的生字上用注音字母进行注音。从1920年到1958年,注音字母在中国使用了近40年的时间。这对于统一汉字读音、推广国语、普及拼音知识起了很大的作用。

中华人民共和国成立后,北京成立了中国文字改革协会,着手制订汉语拼音方案的工作。随后,成立了民间团体"中国文字改革协会",协会设立"拼音方案研究委员会",讨论拼音方案采用什么字母的问题。

1952年2月,中国文字改革研究委员会(后改名为中国文字改革委员会)成立,主要工作就是简化汉字和研究拼音方案。

1955年10月15日,全国文字改革会议在北京举行。叶籁士在发言中说："从 1952 年到 1954 年期间，中国文字改革研究委员会主要进行汉字笔画式拼音方案的研究工作。经过三年的摸索，曾经拟定几种草案，都放在《汉语拼音方案草案初稿》（汉字笔画式）里头。"这次会议上印发给代表们六种拼音方案的草案，有四种是汉字笔画式的，一种是拉丁字母式的，一种是斯拉夫字母式的。

会议之后，当时的中国文字改革委员会主任吴玉章向毛泽东报告。他说，民族形式方案搞了三年，难以得到大家都满意的设计，不如采用拉丁字母。毛泽东采纳了吴玉章的意见，并在中央开会通过了这个设计。

拉丁字母比起其他的注音字母，具有十分明显的优势：拉丁字母在国际上普遍应用，人们接触的机会多，学习之后不容易忘记。另外，若使用注音字母，还要学习拉丁字母，而学习了拉丁字母，就不用再学注音字母。

1956 年 2 月，国家发表汉语拼音的第一个草案，广泛征求社会意见，其后又经过若干次会议。

1958 年 2 月 11 日，第一届全国人民代表大会第五次会议讨论了国务院总理周恩来提出的关于汉语拼音方案草案的议案，和中国文字改革委员会主任吴玉章关于当前文字改革和汉语拼音方案的报告，决定：

（一）批准汉语拼音方案。

（二）原则同意吴玉章主任关于当前文字改革和汉语拼音方案的报告，认为应该继续简化汉字，积极推广普通话；汉语拼音方案作为帮助学习汉字和推广普通话的工具，应该首先在师范、中、小学校进行教学，积累教学经验，同时在出版等方面逐步推行，并且在实践过程中继续求得方案的进一步完善。

这个方案采用 26 个拉丁字母为汉字注音，分为字母表、声母表、韵母表、声调符号、隔音符号五部分。这种注音方式延续至今，为人们识字、拼写普通话、促进汉语的统一发展与国际交流带来了诸多便利。

自 1958 年秋季开始，《汉语拼音方案》作为小学生必修的课程进入全国小学的课堂。《汉语拼音方案》是拼写规范化普通话的一套拼音字母和拼写方式，是中华人民共和国的法定拼音方案。

共同的语言——普通话

相较发音特别的地方话，普通话可以说是"一听就懂"。众所周知，普通话是中国的官方语言，之所以如此规定，要先了解普通话的渊源。

普通话继承于"官话"，而"官话"则始于北宋，形成于元明。大清入主中原后，规定满语为国语，但全国通行的实为汉语。汉官大多延续使用明代官话，所以清朝官场上的官方语言实际上是满汉双语制。满族人进入北京后，在学说北京官话的同时也把自己的满语音韵和发音习惯、特色文化词汇带入北京官话，形成了满式汉语。到清末时期，形成了满汉语言融合的京腔旗人话，也就是普通话北京语音的前身。

1728 年，雍正皇帝确定北京官话为官方用语，这是中国历史上第一次由政府主导的推广标准音。到清中后期，北方的大多数地区（包括四川、贵州、云南等）都和以北京话为基础的新官话靠拢，其影响已经超过基于《洪武正韵》（明太祖洪武八年成编的一部官方韵书，继承了唐宋音韵体系）的南京话，成为在全国范围内流通最广的语言。

然而，清朝很快就覆灭了。初见雏形的普通话在经历了民国时期的两次语言争论以后，才得以修成了正果。

　　1912 年 12 月，由蔡元培任总长的教育部成立读音统一会筹备处，由吴敬恒任主任，制定读音统一会章程 8 条，规定读音统一会的职责是为审定每一个字的标准读音，称为"国音"。每个字的音素定下来之后，还要制定相应的字母来代表每一个音素。

　　当时，来自北方直隶省的著名语言学家王照，对于会员构成非常不满，指出江浙人占 25 人之多，其中来自无锡的就有 5 人。经过激烈争论，最后决定会议实行一省一票制度，而不是每个会员一票。不过，对于一省一票制度争论也很激烈，来自江苏的汪荣宝声称："若每省一个表决权，从此中国古书都废了。"王照反问："此

语作何解释？"汪不语，王照接着质问："是否苏浙以外更无读书人？"北方会员坚决要求每省一票，威胁说如果通不过就自行解散退出会议。最后，在教育部代部长董鸿炜推动下，终于通过了一省一票制度。

规定读音统一会从清代李光地的《音韵阐微》中选出一批比较常用的汉字，每个字都用每省一个表决权、多数票决定的办法，于1913年审定了6 500多个汉字的读音，后又对"俚俗通行"的汉字和化学新字、度量衡译音字等600多个字，同样审定了读音。这样审定的汉字读音用当时新制定的注音字母注音，称为"国音"。

1913年5月22日，"国音"统一会议闭幕。会议过程中，对有争议的字音，以一省一票原则的多数票决定"国音"。最后的结果还是以北京语音为"基础"，同时吸收其他方言的语音特点（主要参考南京语音），如区分尖、团音和保留入声。这次会议审定的汉字读音被后人称之为"老国音"，并从1918年开始推行。

1920年，在国音推行不到两年的时候，一场关于国语标准音的"京国之争"（指京音和国音）大辩论开始了。支持国音和支持京音的分成两派。国音是主要"以京音为主，兼顾南北"。京音是"纯以北京话为标准"。两派争吵异常激烈。

　　当时，著名教育家张士一发表文章，主张"注音字母连带国音都要根本改造"，应"先由教育部公布合于学理的标准语定义，以至少受到中等教育的北京本地人的话为国语的标准"。这个主张得到许多人的支持，特别在南方引起了强烈的反响，纷纷开会响应，甚至通过决议："不承认国音，主张以京音为标准音"，"请教育部广征各方面的意见，定北京语音为标准音"。

　　接着，"国语统一筹备会"在北京召开大会，通过了马裕藻、周作人、刘复、钱玄同、胡适等人提出的议案《国语统一进行方法》，其中第三项为"统一国语既然要从小学校入手，就应该把小学校所用的各种课本看作传布国语的大本营，其中国文一项尤为重要"。全国教育会联合会和江苏全省师范附属小学联合会相继作出了定北平语音为标准音的决议，最后由"增修国音字典委员会"将国音确立了"以北平读法为标准音"，即"新国音"，并开始在全国学校推广。1921年，中华国音留声机片及国语留声机片先后发行，确定了国音声调。

　　1928年，钱玄同提出"请组织《国音字典》增修委员会案"。7月12日，国语统一筹备委员会成立"国音字典增修委员会"，王璞、赵元任、钱玄同、黎锦熙、汪怡、白镇瀛六人为起草委员，逐字审改《国音字典》，正式采用北平地方音编成《国音常用字汇》取代《国音字典》。

　　1932年，根据新国音编纂的《国音常用字汇》由民国政府教育部公布，在其序言中又对国音以北京音为标准的含义作了进一步的说明，即所谓以现代的北平标准音者，系指'现代的北平音系'而言，"并非必字字尊其土音"。之后，全部国语广播都采取了以《国音常用字汇》为标准的形式。

1937 年，中国第一部现代汉语辞典《国语辞典》由黎锦熙、钱玄同主编，中国大辞典编纂处出版。

新中国建国后，经过白话文运动、大众语运动和国语运动等一系列运动后，北京语音的地位得到确立并巩固下来。1950 年 8 月，国家出版总署组建新华辞书社，着手编写《新华字典》，由钱玄同的学生、北大中文系主任魏建功主编。1953 年出版的《新华字典》的注音体系和《国音字典》是一致的，在文白异读上较《国音字典》来说更注重口语音。

1955 年 10 月 26 日，《人民日报》发表题为《为促进汉字改革、推广普通话、实现汉语规范化而努力》的社论，文中提到："汉民族共同语，就是以北方话为基础方言、以北京语音为标准音的普通话。"11 月 4 日，中国人民解放军总政治部向全军发出了《关于在军队中推行汉字简化、推广普通话和实现语言规范化的通知》。1955 年 11 月 17 日，教育部发出了《中华人民共和国教育部关于在中小学和各级师范学校大力推广普通话的指示》。

1956 年 2 月 6 日，国务院发出关于推广普通话的指示，把普通话的定义增补为"以北京语音为标准音，以北方话为基础方言、以典范的现代白话文著作为语法规范"。

"推广普通话"不仅仅是一句口号，更应该是每一个中国人都要做的事情。

普通话即现代标准汉语。现代标准汉语的称呼与定义，因地而异，中国大陆称为"普通话"，在台湾地区称为"国语"，东南亚称为"华语"。普通话、国语、华语，三者在语音、词汇、语法上有一定的区别，但均以北京语音为标准音，以北方话为基础方言，以典型的现代白话文著作为语法规范。

相对于非汉语的语言，"普通话"也常被称为"中文"或"华语"，通行于中国大陆、香港、澳门、台湾及海外华人华侨间，并作为官方、教学、媒体等的标准语。《中华人民共和国宪法》第19条规定："国家推广全国通用的普通话。"《中华人民共和国国家通用语言文字法》确立了普通话的"国家通用语言"的法定地位。普通话是中华人民共和国的官方语言，也是联合国六种官方工作语言之一。

　　1955年，全国文字改革会议和现代汉语规范问题学术会议上确定普通话的定义为"以北京语音为标准音，以北方话为基础方言，以典范的现代白话文著作为语法规范"的现代汉民族共同语。这个定义实质上从语音、词汇、语法三个方面提出了普通话的标准。

　　"以北京语音为标准音"，指的是以北京话的语音系统为标准，以北京语音为标准，并不是把北京话一切读法全部照搬，普通话并不等于北京话，更不是最早的北京地方话。

　　就词汇标准来看，普通话"以北方话为基础"，指的是以广大北方话地区普遍通行的说法为准，同时也要从其他方言吸取所需要的词语。普通话和北方方言很相近，内部一致性较强。官话方言分为北方官话、江淮官话、西南官话、东北官话等。在汉语各方言中，它在中国大陆分布地域最大，使用人口约占中国总人口很大部分。

　　"以典范的现代白话文著作为语法规范"，这个标准包括四个方面的意思："典范"就是排除不典范的现代白话文著作作为语法规范；"白话文"就是排除文言文；"现代白话文"就是五四时期以来的现代白话书面著作，排除五四以前的早期白话文；"著作"就是指普通话的书面形式，它建立在口语基础上，但又不等于一般的口语，而是经过加工、提炼的语言。普通话的语法以鲁迅、茅盾、冰心、叶圣陶等人的著名现代白话作品为规范，并且还必须是这些现代白话文中的"一般的用例"。

　　"普通话"一词有"普遍"和"共通"的含义，充分显示出对少数民族语言的尊重，是中国人共同的语言。

儿化音与绕口令

　　儿化音是一种特殊的发音，念起来非常有趣。北京人对儿化音可以说是相当熟悉。在胡同里，常常听到地道的北京人说着京味儿十足的北京话，其中就有不少儿化音。

　　在普通话中，有许多词汇的字音韵母因卷舌动作而发生音变现象，这种现象就叫做儿化。儿化的韵母就叫"儿化韵"，其标志是在韵母后面加上 r。儿化后的字音仍是一个音节，但带儿化韵的音一般由两个汉字来书写，如老头儿（lǎotóur）等。

　　基于儿化音会使文字的发音发生变化，所以局限性相对较小。普通话中除 er 韵、ê 韵外，其他韵母均可儿化。有些不同的韵母经过儿化之后，发音变得相同了，故归纳起来普通话的 39 个韵母中只有 26 个儿化韵。

　　除此之外，儿化还具有区别词义、区分词性的功能，如"顶"作动词，"顶儿"作名词，是"顶部、顶端"的意思；"一点"是名词，指时间，"一点儿"作量词，是"少量、少许"的意思。在具有区别词义和辨别词性作用的语境中，对于儿化的处理一定要准确，才能避免产生歧义，或是误导。

　　当然，儿化音基本使用在人们日常的语言交流中，有一类儿化表示喜爱、亲切的感情色彩。如：脸蛋儿、花儿、小孩儿、电影儿。另外，表示少、小、轻等状态和性质，也常常用到儿化。如：米粒儿、门缝儿、蛋黄儿。

　　在广播语言中尤其是政治类、科学类、学术类的节目中，对语言的严谨程度要求较高，儿化音出现得很少。

　　根据汉字的不同，儿化音在使用上可分为以下几类：

一是以 a、o、ê、e、u（包括 ao、iao 中的 o）作韵尾的韵母作儿化处理时，其读音变化不太大，卷舌动作与其本身的发音冲突不大，所以儿化时直接带上卷舌音色彩即可。其中，e 的舌位稍稍后移一点，a 的舌位略微升高一点即可。如：哪儿（nǎr）、叶芽儿（yèyár）。

二是韵尾音素以 i、ü 为主要元音的韵母作儿化处理时，因 i、ü 开口度较小，舌高点靠前，i、ü 此时又是韵腹不能丢去，故与卷舌动作有冲突。处理的方法是先增加一个舌面、央、中、中圆唇元音，再在此基础上卷舌。如：锅底儿（guōdǐr）、小曲儿（xiǎoqǔr）。

三是韵尾音素为 i 的韵母作儿化处理时，因 i 的发音动作与卷舌有所冲突，儿化时韵尾 i 丢失，在主要元音的基础上卷舌。舌位在有的主要元音，由于受卷舌动作的影响，舌位向央、中方向后移。如：大牌儿（dàpáir）、同辈儿（tóngbèir）。

四是韵尾音素为 n 的韵母作儿化处理时，因为 n 的发音妨碍了卷舌动作，所以儿化的韵尾 n 音要丢失，在主要元音基础上卷舌。原来舌位在前的主要元音，儿化后其音的舌位向央、中方向后移，主要元音妨碍卷舌的 i、ü 时，要增加一个舌面、央、中、不圆唇元音，再在此基础上卷舌。如：顶班儿（dǐngbānr）、亏本儿（kuīběnr）。

五是以舌尖前元音 i 或舌尖后元音 i 作韵尾的韵母作儿化处理时，因其发音的开口度小，且舌尖已接近齿背或前硬腭，已妨碍了卷舌动作，故儿化时应将其变为舌面、央、中、不圆唇元音，再在此基础上进行卷舌。如：找刺儿（zhǎocìr）、树枝儿（shùzhīr）。

六是以 ng 为韵尾音素的韵母作儿化处理时，ng 的发音部位在后（并不妨碍卷舌动作），但由于 ng 是鼻音，发音时口腔中没有气流通过，所以卷舌时就不能形成卷舌特点。所以作儿化处理时要将 ng 音完全丢失，再在主要元音的基础上卷舌。若主要元音妨碍了卷舌动作的话，就增加一个鼻化的舌面、央、中、不圆唇元音，再在此基础上卷舌。如：抽空儿（chōukòngr）、小熊儿（xiǎoxióngr）。

要想把普通话说得准确又流利，绝非几日的工夫，特别是挑战绕口令这样的"难题"，更需要勤加练习。不过，绕口令的绝妙之处就是它本身绕口，却十分有趣，让念的人能够乐在其中。所以，绕口令也常常被当作是一种游戏——民间语言游戏。

绕口令又称"急口令""吃口令""拗口令"，它是将声母、韵母或声调极易混同的字，组成反复、重叠、绕口、拗口的句子，并要求快速念出，不但锻炼了发音，也增强了语言的节奏感。

相声讲究"说学逗唱"。"说"字当头，而绕口令就是语言训练的最好教材，认真练习绕口令可以使头脑反应灵活、用气自如、吐字清晰、口齿伶俐。提到绕口令作为表演形式出现，就不得不说西河大鼓绕口令《玲珑塔》。这首绕口令很长，而且不是简单的拗口，还有顺序和逻辑的编排，非常考验表演者嘴上的工夫，所以也是一个非常经典的为人所熟知的表演节目。

从绕口令的结构方式上看，可分为两种：对偶式和一贯式。

对偶式为两句对偶，平行递进，如《四和十》："四是四，十是十；要想说对四，舌头碰牙齿；要想说对十，舌头别伸直；要想说对四和十，多多练习十和四。"

在民间，流传着一幅对偶式的"绕口联"："童子打桐子，桐子落，童子乐；丫头啃鸭头，鸭头咸，丫头嫌。"这副绕口联同音异义，颇为绕口，实属巧对妙联。

一贯式的结构更加紧凑，注重一气呵成，如："远望一堆灰，灰上蹲个龟，龟上蹲个鬼。鬼儿无事挑担水，湿了龟的尾，龟要鬼赔龟的尾，鬼要龟赔鬼的水。"这样的排列组合，使得念者不禁语速加快，句句深入。

从读音上来看，绕口令分声母和韵母。

声母，例如几个比较经典的：

b-p：补破皮褥子不如不补破皮褥子。（《补皮褥子》）

b-p：吃葡萄不吐葡萄皮儿，不吃葡萄倒吐葡萄皮儿。（《葡萄皮儿》）

b-p：八百标兵奔北坡，北坡炮兵并排跑，炮兵怕把标兵碰，标兵怕碰炮兵炮。（《八百标兵》）

韵母，例如人们常练习的：

an：出前门，往正南，有个面铺面冲南，门口挂着蓝布棉门帘。摘了它的蓝布棉门帘，面铺面冲南，给它挂上蓝布棉门帘，面铺还是面冲南。（《蓝布棉门帘》）

ian：半边莲，莲半边，半边莲长在山涧边。半边天路过山涧边，发现这片半边莲。半边天拿来一把镰，割了半筐半边莲。半筐半边莲，送给边防连。（《半边莲》）

在全世界的语言中，汉语被认为是最难学的语种之一，不仅是因为汉字的构成很复杂，而且读音亦是独创的四声。正是因为有了汉字与注音的绝妙结合，才形成了让中华民族为之自豪的有声汉字。

汉字是世界上最古老的文字之一，也是在那些古老文字中唯一使用至今的一种。自三千多年前的甲骨文，一直到现在使用的汉字，尽管在字形、字义、读音上发生了一些改变，但其中的性质却没有发生改变。简言之，汉字的发展变化是一脉相承的。

汉字的演变过程可分为甲骨文、金文、篆书、隶书、楷书。这五种是汉字的主要字形。此外，还有两种辅助字形，即草书和行书。

刻在兽骨上的文字

甲骨文是我国迄今发现的最古老而且是已经比较成熟的一种文字。由于这些文字是刻在龟甲兽骨上，故称为甲骨文，又叫"契文"。甲骨文大都是商王朝占卜吉凶的记录，因此又称作甲骨卜辞、殷墟书契、殷墟文字等。

远古时期，生产力极其低下，有很多自然现象无法解释。对于一些巨大的自然灾害，人们也

无力抗拒。人们对神秘的自然界充满了敬畏感，故而遇事喜欢占卜。例如一旬之中会不会有忧患，天会不会下雨，农业能不能有收成，打仗能不能胜利，以至于生育、疾病、做梦等事，都要占卜一下，看看是吉是凶。

占卜所用的材料是龟的腹甲、背甲和牛的肩胛骨以及其他兽骨。商代后期管理占卜事务的人员，将占卜的内容及其应验的结果都刻写在龟甲或兽骨上。后来，这些几千年前人们活动的资料随着商朝的灭亡以及殷都的废弃而埋于地下，长期被人所遗忘。虽然这种甲骨也不时被人翻挖出来，但是并没有人知道上面刻着具有重要历史价值的古代文字。直至1899年，一个偶然的机会，人们在药材铺里发现了其中的秘密。

清朝光绪年间，有个叫王懿荣的人，是当时最高学府国子监祭酒。有一次，他生病喝中药。看见一味叫龙骨的中药上面居然刻着字。

他心生疑惑，翻看起药渣来，没想到上面居然有一种类似文字的图案。于是，他把所有的龙骨都买了下来，发现每片龙骨上都有相似的图案。他认为这些符号是一种比金文还要古老的文字。此后的一段时间内，王懿荣先后买下了1 500块刻字甲骨，开始了相关研究。

事实上，在甲骨文还未被确定之前，河南省安阳市小屯村的农民在耕作时就不断在农田里挖刨出古代的甲骨。据说，把甲骨作药材拿到中药铺去卖的第一个人是一位叫李成的剃头匠。一次，他得了一身的脓疮，没钱去求医购药，就把这些甲骨碾成粉敷到脓疮上，想不到流出的脓水被骨粉给吸干了，而且他还发现骨粉有止血的功效。从此，他就把从地里挖到的甲骨都收集起来，说成是"龙骨"，卖到了中药铺。

首个发现甲骨文价值的王懿荣，被称为"甲骨文之父"。不过，没等他研究出任何名堂来，就因"庚子国难"而殉国。王懿荣殉难后，他所收藏的甲骨大部分转归给好友刘鹗（即《老残游记》的作者）。刘鹗又进一步收集，所藏甲骨增至5 000多片，于1903年拓印《铁云藏龟》一书，将甲骨文资料第一次公开出版。不久，学者孙诒让根据《铁云藏龟》的资料，又写出了甲骨文研究的第一部专著《契文举例》。

甲骨文被发现后，引起了学术界的巨大轰动。古董商人为了垄断财源，对甲骨的来源秘而不宣，以后又谎称出自河南汤阴、卫辉等地。直到1908年，学者罗振玉才首先找到出土甲骨的真正地方，即河南安阳的小屯村一带。于是，他派人去安阳求购，又亲自前往安阳进行实地考察，先后共搜集到近二万片甲骨，于1913年精选出2 000多片编成《殷墟书契》（前编）出版，随后又编印了《殷墟书契菁华》（续编），为甲骨文的研究奠定了基础。一时之间，学术界掀起了研究甲骨文的风潮。其中，董作宾、罗振玉、王国维、郭沫若被称为"甲骨四堂"，可谓甲骨文研究的一代宗师。

　　到目前为止，出土甲骨文最多的是殷商的故都即现在的河南省安阳县小屯村。此外在陕西的周原遗址，以及其他省份的一些地方也零散地发现了一些甲骨文。截止到 2012 年，全国共发现有大约 15 万片甲骨，4 500 多个单字。这些甲骨文所记载的内容极为丰富，涉及商代社会生活的诸多方面，不仅包括政治、军事、文化、社会习俗等内容，还有天文、历法、医药等科学技术。例如在一片殷墟出土的商代牛骨上，刻了一条科学价值很高的卜辞："壬寅贞月又食。"根据专家考证，它是公元前 1173 年 7 月 2 日发生全月食的记录。

　　从甲骨文已识别的约 2 500 个单字来看，它已具备了"象形、会意、形声、指事、转注、假借"的造字方法，展现了中国文字的独特魅力。甲骨文是目前所知的中国最早的系统文字，是已知汉语文献的最早形态。

　　甲骨文是中华民族神奇的发明，这是炎黄子孙的骄傲。郭沫若在《殷契粹编》序言中说：

> "卜辞契于龟骨，其契之精而字之美，每令吾辈数千载后人神往。文字作风且因人因世而异，大抵武丁之世，字多雄浑，帝乙之世，文咸秀丽。而行之疏密，字之结构，回环照应，井井有条……足知现存契文，实一代法书，而书之契之者，乃殷世之钟王颜柳也。"

从文字的角度来看，甲骨文的图像性非常强，并且有很强的不稳定性。这种不稳定主要表现在同一个字往往有繁有简、偏旁部首的写法及其位置不同、字的大小也不固定等。

如《祭祀狩猎涂朱牛目刻辞》，这是商代武丁时期的作品，作者彀是当时最著名的贞人（商吏官名）之一。整块骨板大而完整，

长 32.2 厘米，宽 19.8 厘米。刻辞正面有 4 条，背面 2 条，共计 160 余字。该刻辞记录了商代奴隶制社会生活和天文气象方面的资料。从正面所刻的 4 条卜辞来看，非但笔画粗细不一，而且有直线界格分隔。此甲骨现藏于中国历史博物馆。

从字体的数量和结构方式来看，甲骨文已经发展成有较严密系统的文字了。汉字的"六书"原则，在甲骨文中都有所体现。但是，图画文字的痕迹还是比较明显。其主要特点如下：

其一，在字的构造方面，有些象形字只注重突出实物的特征，而笔画多少、正反向背却不统一。

其二，甲骨文的一些会意字，只要求偏旁会合起来含义明确，而不要求固定。因此甲骨文中的异体字非常多，有的一个字可有十几个甚至几十个写法。

其三，甲骨文的形体，往往是以所表示实物的繁简决定大小，有的一个字可以占上几个字的位置，也可有长有短。

其四，因为字是用刀刻在较硬的兽骨上，所以笔画较细，方笔居多。

甲骨文在结构上虽然大小不一、错综变化，但已具有对称、稳定的格局。所以有人认为，中国的书法，严格讲是从甲骨文开始，因为甲骨文已具备书法的三个要素，即用笔、结字、章法。

如今，甲骨学已成为一门蔚为壮观的世界性学科，对历史学、文字学、考古学都有重要意义。

金文的出现

青铜器是由青铜（红铜与锡的合金）制成的器具，诞生于人类文明的青铜时代。因为青铜器在世界各地均有出现，所以是一种世界性文明的象征。最早的青铜器出现于 5 000 年至 6 000 年前的西亚两河流域地区。苏美尔文明时期雕有狮子形象的大型铜刀，是早期青铜器的代表。青铜器在 2 000 多年前逐渐被铁器取代。

中国的商周时期，是青铜器大量出现的时代，被称作"青铜器时代"。商周时期，青铜器的冶炼技术已达到较高水平，制作规模也逐步扩大。当时，在殷都附近有一个很大的冶铸青铜器的作坊，在这里从事冶炼劳动的奴隶有上千人，铸造出了一些大型、精美的青铜器。

青铜器包括有炊器、食器、酒器、水器、乐器、车马饰、铜镜、带钩、兵器、工具和度量衡器等。最初出现的青铜器是小型工具或饰物。夏朝，开始有青铜容器和兵器。商朝中期，青铜器品种已很丰富，并出现了铭文和精细的花纹。商朝晚期至西周早期，是青铜器发展的鼎盛时期，器型多种多样，浑厚凝重，铭文逐渐加长，花纹繁缛富丽。

最初，青铜器只是生活用品，后来成为一种身份地位的象征。殷商的统治者在死后，陪葬的物品中必不可少的就是青铜器。传说，夏禹曾铸九鼎，以此来象征华夏九州，夏、商、周三代均奉为国宝。由此可见，青铜器所铸的鼎已是最高权力的一种象征和拥有。可惜，至今也没发现九鼎的实物。

中国的青铜器制作精美，在世界青铜器中艺术价值堪称最高，代表着中国在先秦时期高超的技术与文化。

1939 年，安阳武官村吴家柏树的一位农民，从地下挖掘出一个看起来像马槽一样的东西。经北京考古学家辨认，它是 3 000 多年前商王文丁为祭祀自己的母亲铸造的四腿方形青铜器，是迄今出土的所有鼎中最大最重的，是商代青铜器的代表作，在世界青铜器中也不多见。

因它像马槽，人们将之叫做"马槽鼎"。它重达 875 公斤，高 133 厘米，长 110 厘米，宽 78 厘米，足高 46 厘米。后来，根据鼎腹里面铸写有"司母戊"三个字，又把它叫做司母戊方鼎。

司母戊方鼎是在商代王都中心西北地区发掘的。它由青铜铸成，内壁有铭文。司为古代汉语中的通假字，通"祀"，即祭祀之意，表明此鼎是某位商王为祭祀其母戊而铸造的；也有把"司"释为王后的"后"字。它的形制十分雄伟，造型厚重典雅，气势宏大，纹饰美观，工艺高超，体现了商代青铜器铸造的最高水平。

后来，侵华日军听说此鼎，就想据为己有。为了保护国家的文物，人们急忙赶制了一件仿品，真品被埋回地里。如今，司马戊鼎保存在中国历史博物馆里。

作为西周三大青铜器之一的"毛公鼎"，出土于清代道光年间的陕西岐山。它高53.8厘米，口径47.4厘米，重达34.7公斤。它最重要的价值在于它的铭文。铭文共有499字，是现存铭文最长的青铜器。这篇铭文是一份完整的"册命"。它记述了周宣王册命其臣毛公之辞,文辞典雅,可与《尚书》相媲美。毛公对此感恩戴德,铸鼎以记,并要子子孙孙永宝之。

该鼎最早归金石家陈介淇所有。陈介淇病故后,时任两江总督的端方强买得之。端方死后,其后裔将鼎押给俄国道胜银行。1920—1921年,有美商愿以5万美金购买。国内著名人士叶恭绰等获悉后,为了保护文物集资3万元赎出,存于天津。抗战后又存香港,日寇侵占香港,又转存上海。后来,陈泳仁以巨资购得。抗战胜利后,他将此鼎献给政府。1946年8月1日归原中央博物院(即今南京博物院)收藏。1948年移去台湾,现存台北故宫博物院。

商周时期的青铜器,一般会在上面刻铭文。这些铭文被称作"金文"。又因钟、鼎是青铜器的代名词,铭文又称作"钟鼎文"。金文是祭祀文字,在书写材料和字形方面,较甲骨文有明显进步。

在青铜器上刻金文,其主要目的有四个:一是表明鼎名,二是记载契约,三是记载赏赐情况,四是记载刑法。

金文和甲骨文是同一系统的文字,在形体结构上与甲骨文相比,没有太大的变化。商代的金文写法较保守,比甲骨文更加接近图画,但在写法上已经大大简化,符号性加强,具有甲骨文在形体结构和书写方面的特点,即象形程度比较高,形体结构没有定型,书写款式没有完全规范,有合文等。由于书写工具的不同,金文在书写上既有方的转折,也有圆的笔道,笔画有粗有细,下笔丰润有力。

殷周金文一般被铸在青铜器的内侧。春秋战国以后,出现了金文直接刻在器物上面的情况。铸造青铜器的过程非常复杂。根据研究,铸造青铜器铭文的步骤大致是:先用沙土制成模子,称为"范";在"范"上书写铭文和雕刻花纹,然后将铜水浇入"范"中,待其凝固,再把"范"揭去。"范"有合范和蜡范两种,沙土柔软的质地使得刻写文字和花纹较为容易。铜液在范中流铸的过程中会对原

来刻写的文字有所增强，显出熔铸感，使青铜铭文产生了与原来甲骨文相去甚远的视觉效果。青铜器上的铭文位置，里外并不固定，早期铭文多在里面。铭文的排列顺序，多是从上至下、自右至左，少数自左至右。据统计，目前出土有文字的青铜器有五六千件。

关于青铜器铭文发展的历史阶段，金文专家容庚做过这样的划分："一、无铭的阶段；二、图形文字和祖宗名的记载阶段；三、章句略式阶段；四、章句结构完整阶段。字体由繁复的变为简单，具体的变为抽象。"

青铜器铭文产生于商代早期，初期多作为标识器主的徽记，后来逐渐发展为长篇的祭辞、册命、记事、诏令以及为器主歌功颂德的文字。它们和青铜器的造型、纹饰、铸造工艺等，共同构成了中国古代独特的青铜文化。

商代早期的青铜器铭文，一般只有两三个字，多为动物形象、图形和氏族名、人名。如"戈""亚羌""妇好"等是记器主的族氏或名字的；"祖甲""父乙"等是记所祭祀的先人的称号的；还有兼记上述两者的，如"咸，父乙"等。此期金文字形和甲骨文相近，象形程度很高，笔画较为丰满，圆转自然，明显比甲骨文厚重。

西周是青铜器铭文的全盛时代。在西周铜器上，篇幅百字以上的铭文颇为常见，有很多篇幅还在两三百字以上。如西周前期的大盂鼎就有 291 字，小盂鼎有 400 字左右（部分已残缺）。从已发现铜器的铭文内容上看，西周铜器大多数为周王朝贵族、官僚所作。

西周金文的形体，最初几乎完全沿袭商代晚期金文的作风。字形中象形程度仍然比较高，弯弯曲曲的线条很多，笔道有粗有细。

青铜器铭文的发现，对文字的完善和改革有非常重要的贡献，为汉字的改革奠定了基础。

篆书一统天下

从公元前230年到公元前221年，在不到10年内，秦消灭了韩、赵、魏、燕、楚、齐六国，结束了东周几百年混战割据的局面。从西周灭亡到秦始皇一统天下，已经历了500多年。在这段时期里，世事变化无常、风云变幻莫测。秦始皇统一全国后，管辖着36个郡，大体相当于今天18个省份，地域广阔多了。

为了巩固秦王朝，秦始皇采取了一系列加强统一的措施，包括推行统一货币、统一度量、统一文字等政策。由此，文字的命运发生了极大的变化。

秦始皇未统一天下前，广阔的中原地带字体结构多样，

汉字的使用非常紊乱。不过，这里所指的"乱"，是指文字不是其本来的使用方法。文字最初本是周王室祭祀神灵或在神的名义下进行统治时使用的。随着周王室失去统治权威，文字也失去其尊严。除周天子外，其他人也可以随便使用文字了。当时，列国诸侯都各自称王，他们也举行与周天子相同的宗教仪式并使用文字；"诸子百家"之类的人物也将自己的言论写成文字，并将其传授给众多的弟子。

秦始皇统一天下时，各地文书极不一致，字体结构没有统一规定，汉字形体非常混乱，随时都在变化，这种演变有两个特点：简化和形声化。一个字的演变往往经过多次反复，各地变化也不完全一致，同一字所采用的声符、形符互有差异，带有浓厚的地方色彩，造成了先秦时代的文字异形、一字多体的现象。

公元前221年前，秦始皇实行"书同文"的政策，令丞相李斯等人整理文字，改定字体，废除各国文字。李斯等人根据周朝的文字，改定篆书，并向全国进行大范围地推广。

篆书是由商周两代的文字发展而成的，是春秋战国到秦汉之间秦国和秦王朝书写的一种字体。篆书得名于写法。《说文解字》中说："篆，引书也。"引，是引申拖长的意思。当时已用毛笔写字，为了把字写得整齐，需要按笔画的长短疏密配搭匀称，一笔一笔要引长来写，以构成一个完整的形体，所以称作"篆书"。它分为大篆和小篆。

春秋战国时期，秦国使用的文字叫做"大篆"；秦统一天下后使用的是"小篆"。小篆是由大篆演变而来的。秦始皇将文字统一后，小篆作为一种规范化的官方文书通用字体广为推广。可以说，篆书是中国历史上受政治干预最为强烈的一种文字。

关于秦始皇改革文字的事情，许慎在《说文解字》中做过详细的解释：

其后诸侯力政，不统于王（指周王），恶礼乐之害己，而皆去其典籍，分为七国。圈畤异亩，车途异轨，律令异法，衣冠异制，言语异声，文字异形。秦始皇帝初兼天下，丞相李斯乃奏同之罢其不与秦文合者。斯作《仓颉篇》，中车府令赵高作《爱历篇》，太史令胡毋敬作《博学篇》，皆取史籀大篆，或颇省改，所谓小篆者也。

　　作为文字统一这项改革的主要决策者，秦始皇身体力行推行小篆。他巡游各地时，要求制作的刻石都尽力注意统一书体的标准化。李斯作为著名的篆书家，相传各地所刻之石都是他的手笔，流传到今天的有《泰山刻石》《琅琊刻石》等。

　　小篆是由大篆简化而成的，"小"是简化的意思。许慎在《说文解字·叙》中说："皆取《史籀》大篆，或颇省改，所谓小篆者也。"省改，即简化。从大篆到小篆，"省改"的痕迹是很明显的。

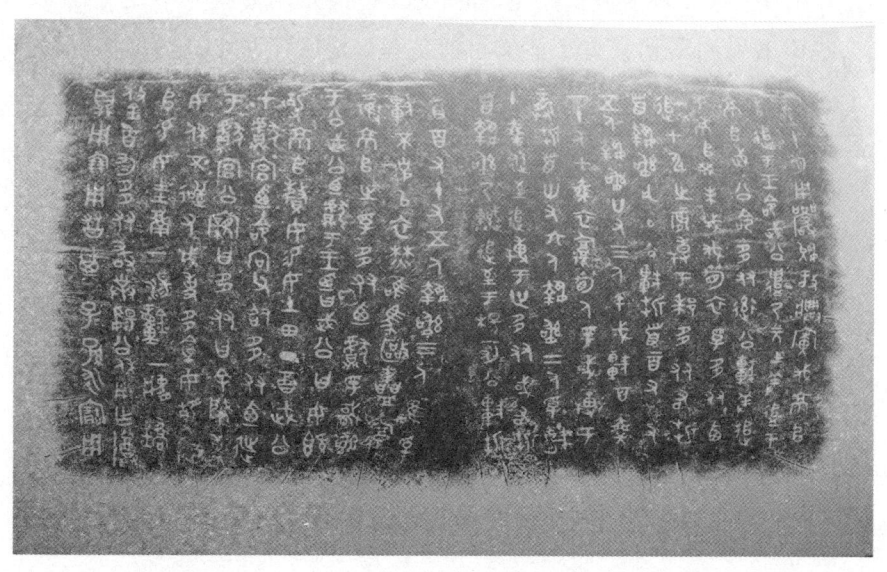

小篆是大篆的简体，它们具有一些共同的特点：笔画匀称，线条粗细一样；写法写型再不像甲骨文和金文那么多异体了；字形呈长方，奠定了汉字"方块形"的基础；字的大小划一，文字的图画意味在很大程度上消失了。

与甲骨文、金文相比，秦小篆具有这样一些基本特征：字形修长、而且紧画、向下延伸，构成上密下疏的视觉错感，这与自上而下的章法布局也有关系。线条匀称无论点画长短，笔画均呈粗细划一的状态。这种力度、速度都很匀平的运笔，给人以纯净简约的美感。加之字体结构的趋简约固定的倾向，小篆书体的章法布局更能形成纵横成行的序性。秦篆有圆笔、方笔之别，圆笔以秦刻石为代表；方笔以秦诏版权量为代表，为秦篆之俗体。

秦始皇立国之后，诏令全国统一度量衡制度，在当时制造的度量衡器上都刻上诏书。公元前 210 年，又在一部分度量衡器上加刻二世诏书。这些诏书文字，通称"权量诏版文字"，于秦朝和新莽时期较为多见。因为书刻都是奉皇帝旨意，刻写谨慎，文字采用秦正体文字小篆，多为方折用笔，曲笔极少，应是用刀刻写不便的缘故。这些诏书采用秦朝官方正体文字所刻写，是研究秦小篆的宝贵资料。

虎符为调兵之符信，是国家之信物，制作精美，有的甚至采用错金手法。现存有阳陵虎符、杜虎符，字迹完好，其上是秦小篆的重要遗存，具有很高的文物价值和艺术价值。阳陵虎符中的小篆线条饱满圆润，结字严谨宽博，骨劲肉丰，行笔干净爽利。王国维称其"谨严浑厚，径不过数分，而又有寻丈之势，当为秦书之冠。"

现代汉字就是从小篆演变而来的。虽然小篆已经有 2 200 多年的历史，但它仍然出现在我们今天的许多场合中，尤其是艺术设计和书画作品中。

秦篆的出现，终结了图画文字的历史。

古今汉字的分水岭

秦统一六国后，为方便管理，规定了统一的文字。不过，"书同文"的改革方案需要一个漫长的过程。因大篆笔画复杂，不适应繁忙的公务需要，于是创造出了形体匀称齐整、笔画简单的小篆。不过，这样仍不方便。在这种情况下，隶书应运而生。

相传，秦朝有个叫程邈的人。他原本也是一名官员，后因某件事情犯了法，得罪了秦始皇，被关进了监狱。这一关，就是十年。十年的光阴太漫长，程邈为自己找了个事情，聊以打发时间。

当时，在监狱的隶人（古代称因罪没入官为奴隶、从事劳役的人）间流行一种隶书。程邈将隶书收集起来，整理编撰成了一本书，呈给秦始皇看。秦始皇看了很高兴，免其罪，封御史，让他负责改定秦小篆。

程邈出狱后，反复研究了当时秦代流行的 6 种文体：第一种是从孔宅墙壁中得到的文字；第二种是古文的异体叫做奇字；第三种叫篆书；第四种叫左书，即秦国时的隶书；第五种是用来磨刻印章的叫做缪篆；第六种是用来书写旗帜或符节的鸟虫书。程邈收集整理了当时广为流传的左书，即隶书，于是新字体隶书正式出现了。之后，秦始皇宣布：将记录国王公式化的宣言文字与皇帝以外的人使用的文字相区别，皇帝使用的文字书体称为"篆书"，而臣子们所使用的都是"隶书"。

《汉书·艺文志》和《说文解字·叙》里都说，隶书开始出现于秦代，是为了应付当时繁忙的政务而造的一种简便字体。

当然，秦朝的主要字体是小篆，隶书只是一种新兴的辅助字体，社会地位很低。"隶书"这个名字就表示了它的身份。《汉书·艺文志》中说隶书由"施之于徒隶"而得名，《四体书势》中说隶书由秦官府"令隶人佐书"而得名。总之，隶书是上层统治阶级看不起的。

总而言之，在秦朝，小篆和隶书并用，各有各的适用范围和空间。

秦代统治者允许官府用隶书来处

理日常事务，是迫于形势，并不说明他们喜欢或重视这种字体。在比较庄重的场合，一般不用隶书。不过，隶书书写起来比小篆方便得多，要想长时间抑制它的发展，几乎不可能。

到了汉代，隶书取代小篆，成为正式的书写字体，即汉隶，也称今隶。汉隶与秦隶虽一脉相承，可彼此之间还是有所区别的。秦隶只求简易，汉隶讲求波势、美观、工整。晚期汉隶字字有棱角。汉隶风格多样，主要有两种形式：一种以方笔为主；一种以圆笔为主。

若是将隶书和篆书相比较，两者之间的变化尤为明显，从笔法到结构大都不同。笔法上，隶书变篆书的圆笔为方笔；字形上，隶书变篆书的圆形为方形，特别是隶书将小篆残存的象形意味进行了大扫除。如"眾"字（众的繁体字），小篆写成上部分为"目"字，下部分为三个"人"字，表示三个人被监视着；又如"水"字，小篆写成四点之中有一条曲线，表示水流的形状。而隶书的写法彻底摆脱了象形的意味而变得符号化。

隶书和小篆标志中国文字发展的两大阶段。梁东汉在《汉字的结构及其流变》中提到：

> "小篆代替了古文字，隶书代替了小篆，这是汉字发展四千年来最剧烈的两次变动。小篆通行以后，许多象形字都看不出是象形字了。但它的笔画是圆转的，所以有一部分字还保存着象形的意味。隶书的笔画是方折的，这种笔画打破了小篆的结构，使得那些在小篆里还有象形意味的象形字变成了毫无象形意味的象形字。"

简言之，小篆是象形字的结束，隶书是新文字的开端。隶书结体方正，有正大气象。隶书不但使汉字字型趋于方正，而且笔法上的中、侧锋并用，也突破了篆书单一的中锋运笔，为其他字体的用笔提供了借鉴。

汉代是文字学产生的重要时期，许慎著《说文解字》，集古文经学训诂之大成。为了强化文字的功能，汉朝君臣不但对今文典籍加以规范，并要求以精确的汉隶书写，刻石立碑供世人辨识正误。汉代隶书具有一种博大的气势和雄强的力量，与当时社会的时代精神密切相关。

一般认为，汉字从甲骨文演变到小篆是一个阶段，这个阶段属于古文的范畴，故称之为"古文字阶段"。从殷商甲骨演变到秦代小篆，前后历时约 1 160 年；从秦汉时起，隶书的形成和使用，开始了"今文字的阶段"，也可以称作"隶楷阶段"，这个阶段从秦代隶书至汉末兴起的楷书至现代汉字，也已经历了约两千多年。

汉字字体从篆书到隶书的演变，叫做"隶变"，是因为隶书在字形结构上发生了显著的变化，并且从此奠定了现代汉字字形结构的基础。从篆书到隶书的变化，是汉字演变史上的一个重要转折点，是字形结构变化的一大飞跃，是古今汉字的一个分水岭。

从古文字到今文字，汉字在字形结构上发生了很大变化；而从隶书演变为楷书，到现代汉字，在形体上没有太大的变化。

汉字字体的楷模

楷书，又叫"真书""正书"，产生于东汉。其字形较为正方，不像隶书写成扁形。

汉代，隶书和草书都很盛行，重要的碑碣和书籍都用隶书，一般的简牍多用草书。但隶书一笔一画写起来很费事，草书虽然写起来方便，却不易认识。因此，到了汉末就有了楷书。"楷"是楷模的意思。楷书的名称，从晋朝就有了。不过，当时并非专指一种字体，凡可作楷模的都可称作"楷书"。唐代以后，才专指现在通行的楷书。唐代张怀瓘在《书断》卷上"八分"中说："本谓之楷书，楷书者法也，式也，模也。孔子曰：'今世行之后世，以为楷式。'故凡有法度之书皆可称'楷书'。"

关于楷书的由来，民间还有许多传说。

一说，秦始皇统一天下后，发现了王次仲改造了简易实用的楷书，认为王次仲是个奇才，要召见他。可是召见了三次，却不见王次仲前来。

原来，王次仲有他自己的打算，他日夜不停地研究汉字和数术，专心致志，根本没有考虑秦始皇的召见。而秦始皇却对此大怒，认为王次仲对自己大不恭，就下令用囚车把他押到京城咸阳。

可是，在押送的路上，突然发生了意外的情况。王次仲的头颅突然滚落在地，

王 次 仲

变成了一只大鸟，振动着翅膀直往远处高飞而去。飞往远处时，大鸟的两只翅膀掉落在了一座高山上。这座山的两个山峰就被后人叫做大翅峰和小翅峰。押送王次仲的官吏，把掉下的两只翅膀进献给了秦始皇。

虽说王次仲作楷书的神话传说有些离奇，但有一点可以肯定，他是始作楷书的人，并且为变隶书为楷书做出过一定的贡献。

当然，也有人说，楷书是三国时期的大书法家钟繇创作的。传说，钟繇青少年时代喜爱书法，对书法钻研甚精，也很刻苦。平时，他和别人说话时，总是一边说一边用木棍在地上写。晚上睡觉前和睡醒后，他喜欢用手在被子上练习写字，时间一长，被子都被磨破了。毫无疑问，钟繇在从隶书转变为楷书方面也做出了很大的贡献。

楷书从隶书演变而来，紧扣汉隶的规矩法度，追求形体美。

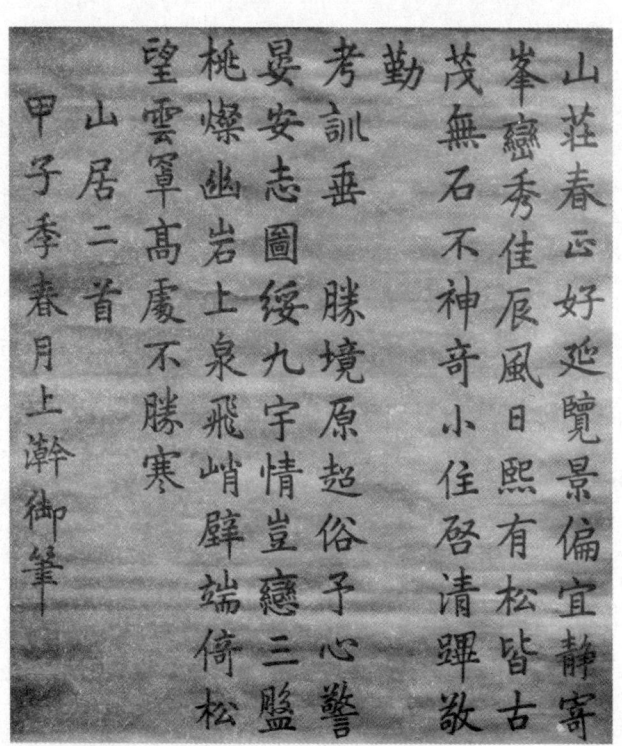

汉末至三国时期，汉字的书写在结构上更趋严整。楷书的特点在于规矩整齐，所以称为楷法，一直沿用至今。

楷书发展于魏晋南北朝，成熟于唐代。随着科举在唐代的制度化，擅长楷书成为"身、言、书、判"的四条选士标准之一，楷书也随着社会的需要和自身的发展规律逐步法备体严。楷书是唐朝社会应用最广泛的字体之一，因而文人士子必须掌握楷书的书写技艺。隋唐时期出现的知名楷书家有欧阳询、虞世南、褚遂良、颜真卿、柳公权等人。他们留给后人的丰碑巨制，堪称后代楷书的典范之作，也正是他们的实践铸就了中国楷书发展的巅峰。

唐朝是中国封建社会发展的黄金时代，政治、经济、军事、文化等方面都达到了鼎盛时期。国力强盛，经济发达，产生了中外文化的大交流和大融合。唐朝统治者寓教于书，书法的兴盛是大唐盛世的投影。唐代繁荣富强，文化兼容并包。书法不仅风格多样，并且诸体兼备。唐太宗以帝王的权力，使王羲之走上了书圣的地位。王羲之书法地位的确立，首先是由于梁武帝萧衍的推崇，而唐太宗则是将王羲之推上书圣地位的关键人物。唐太宗盛赞王羲之的书法"尽善尽美"。

唐代文字的发展实际上在于法度的强化与完善。唐朝继隋朝推行科举取士制度。科举为政治服务，文字为科举服务，文字要求工整，自然要强调法度，楷书最具代表性，其在中国字体演变史上具有非常重要的地位和影响。

楷书自汉末兴起，至今已有约 1 700 年的历史，成为历代正规使用的一种典范文字。楷书之所以能被人们广泛使用，就在于楷书字体端正秀丽，方便易认。从楷书始，汉字的笔画形式和方块字形，均已基本定型。现在楷书已成为书报刊印刷用字的主要字体。

汉字的化繁为简

汉字自从发明后，在几千年的发展演变过程中，大体上呈现出一种由繁变简的过程。

从殷商甲骨文开始，汉字就一直朝着"删繁就简""避难趋易"的方向发展。从春秋战国的"文字异形、言语异声"，到秦始皇推行"书同文"中笔画比较简单的小篆，都是大规模的简化汉字的措施。汉唐也不断产生简化字。宋元以来，随着通俗文学作品话本、小说的产生，简化字也大量涌现。即使是在汉字复古的明清时代也流行简体字，有些学者还有意识地主张写简体字。清末维新运动以后，由于要普及教育，开发民智，加之简化字简便易学，书写节省时间，一场简化字运动应运而生。

1909 年，《教育杂志》创刊号"新鲜出炉"。近代著名教育家陆费逵在上面发表了《普通教育应当用俗体字》一文，其中指出："我国文字，义主象形，字各一形，形各一音，繁难实甚，肄习颇苦。"1921 年，他又在《教育杂志》上提出："整理汉字的意见有两种办法：一是限定通俗字范围，大约在二千字左右；二是改变字形，减少笔画。"鉴于此，他还把自己的名字简化为"六弗"。

随后，在陆费逵的极力提倡下，简化字、手头字运动揭开了序幕。

1922 年，钱玄同在国语统一筹委会上提出"减省现行汉字的笔画案"，并组织了由他为主的简体字执委会来执行。

1928 年，教育家陈鹤琴根据几种白话小说和通俗刊物统计出来的用字情况，选定了 4 329 个字，编写成《语体文应用字汇》，由商务印书馆出版。

1935 年，洪深仿照基本英语方式，选出 1 150 个基本汉字和 250 个特别字（补充字），编写了一本《一千一百个基本汉字教学使用法》。有意思的是，基本汉字中没有"妹"字，就把"妹妹"改说为"女弟"，没有"媳"字，就说为"儿子的老婆"。

总之，在这个阶段，有不少人发表简体字论文刊登在报纸和杂志上，出版专著与简体字系统资料的亦不少。

在这场汉字简化运动中，值得一提的是发生在 20 世纪 30 年代的"手头字"活动。

1935年，全国汉字简化运动中，著名国学大师钱玄同在《新青年》杂志第七卷第三期上发表了《减省汉字笔画的提议》一文；两年后又提出了《减省汉字笔画方案》，主张以简体字为"正字"，正式应用于一切严肃庄重的书面语体。

这两篇文章一经发表，立刻得到了上海地区文化教育出版界的认同。《申报·自由谈》发表了一批汉字简化的专栏文章，面向广大青少年发售的《中学生》杂志主编叶圣陶专门撰写了《关

于文字改革》一文，并指出："一般大众确是欢迎简笔字的。""因为它容易识，容易写。"上海商务印书馆出版了陈光尧的《简字论集》，启明学社出版了《简字论集续集》等著作。

随着汉字简化运动的深入，上海文化教育界著名人士陈望道、胡愈之、陶行知等人，于1935年1月组成了"手头字推行委员会"。他们选定了第一批"手头字"，大约有300个，提出要把这种人们手头上的俗体字应用到印刷上去。

1935年2月24日，《申报》与其他报刊又发表了蔡元培、邵

力子、郭沫若、郑振铎等 200 多人和《太白》《译文》《中学生》等 15 家杂志联名发表的《推行手头字缘起》一文。

这篇文章明确提出："我们日常有许多便当的字,大家手头上都这么写,可是书本上并不这么印。识一个字须得认两种以上的形体,何等不便!""现在我们主张把'手头字'用到印刷上去。我们决定把'手头字'铸成钢模浇出铅字来,拿来排印书本,先选出手头常用字 300 个作为第一批推行的字汇,以后再逐渐加添,直到'手头字'跟印刷体一样为止。"

很快,上海的许多报纸杂志都使用了第一批手头字,复印的数量大约在 50 万份以上。这不得不说是上海文化界的一件大事。

1935 年 8 月,国民政府教育部公布了第一批简体字表,收录 324 个字,与上海文化教育界推出的第一批手头字 300 多个许多字体相同。毫无疑问,上海"手头字"的推广得到了进一步认可。

新中国成立后,党和国家领导人非常重视汉字改革工作。早在 1950 年,中央教育部就开始进行拟订简体字表的准备。次年,《第一批简体字表》出台,收录常用简体字 555 个。1954 年,国务院成立了中国文字改革委员会,成为直接负责研究和推行文字改革的专门机构。1955 年初,中国文字改革委员会发表"文字简化方案草案",公布了 798 个简体字,向社会广泛征求意见。

1956 年 1 月 28 日至 1957 年 7 月,中国文字改革委员会根据国务院的决定,先后推出过四批简化字。1964 年文字改革委员会公布的《简化字表》共 2 237 字,共简化了 2 264 个繁体字,笔画减少了一半。四批简化字推行以后,相对应的繁体字在一般情况下被淘汰了。汉字简化后共减少了 1 100 个汉字、简化了 3 500 个字。未简化前,每字写 16 画,简化后为 8 画;简化字在文章中出现率占三分之一,笔画总数减少六分之一,把偏旁包括在内的简化字多达 2 000 字。繁体字虽然不常出现在人们的日常使用中,但它作为文化遗产，仍有保存价值。

1958 年 1 月，周恩来总理在《当前文字改革的任务》中提出：当年文字改革的三项任务是：简化汉字、推广普通话、制定并推行汉语拼音方案。

1986 年 10 月 10 日，国家语言文字工作委员会公布 1964 年编印的《简化字总表》，对个别字作了调整，全表共 2 235 字，占人们日常生活中常用字的三分之一。

汉字的改革运动历经了近百年。在这百年的时间里，汉字改革取得了瞩目的成绩：汉字的笔画减少了，对全国扫盲起了很大的作用；推广普通话，方便了全国人民的交流；汉字拼音方案，为我国与国际交流提供了一种标准。这些真真切切的改变，在人们的日常生活中都得到了体现。从客观方面来说，汉字改革的成就不容忽视，是值得尊重的。不过，也存在着一些问题和不足，突出表现在汉字简化上。

在汉字的简化过程中，有人从维护繁体字的角度，指责简化字破坏了"六书"的原则。比如，汉字简化造成了"厂房全空（厂、廠）""开关无门（开关、開關）""亲人不见亲（亲、親）""爱心不存（爱、愛）"。

这种现象固然存在，但它不足以说明本质问题。要知道，汉字发明在前，"六书"创造在后。简言之，"六书"是在汉字发展到相当成熟的阶段时，由古文字学家从汉字中归纳出来的。原本，汉字的结构就复杂，"六书"仅仅只是反映了造字结构的一般规律，不能涵盖全部的汉字。

再者，简体字是从繁体字简化而来，而繁字体早就破坏了"六书"的规则。所以，并不能以极个别汉字简化的破坏，就否定汉字简化带来的好处。

新中国的汉字简化工作是符合文字发展规律和当时汉字的实际

情况的。但在实际简化工作中，由于某些环节考虑不周，致使一些汉字的简化有失妥当。特别是"二简"方案，出台过于仓促，甚至引起了社会用字的混乱，虽然后来很快被废止了，但不好的影响和后果却已造成了。当然，世界上的改革并没有十全十美的。若是在简化汉字的过程中，造成了一些失误，应该及时地进行补救，所谓"亡羊补牢，为时未晚"。

　　中国书法是一门古老的汉字书写艺术，从甲骨文、石鼓文、金文演变为大篆、小篆、隶书，至定型于东汉、魏、晋的草书、楷书、行书等，书法一直散发着艺术的魅力。同时，以汉字为依托，书法衍生出了灿若繁星的艺术分支，成为一颗颗点缀华夏文明的闪亮明珠。

石刻与碑文

石　刻

　　石刻，泛指镌刻有文字、图案的碑碣等石制品或摩崖石壁。在书法领域，也有把镌刻后，原本无意作为书法流传的称为"石刻"。

　　中国的石刻文字，经过商周时期千年左右的发展已经成熟。所以，从秦汉时开始，它在社会上尤其在当权的统治阶级和富裕阶层中已被广泛地使用了，甚至出现了使用石刻文字的第一个高潮。

秦代刻石是目前发现的最早的刻石。公元前 221 年，秦始皇统一全国后，想到的第一件事，就是如何宣扬自己的声威，巩固自己的帝业。所以，他不避长期征战的辛劳，从公元前 219 年至公元前 210 年的 10 年间，进行了五次大规模的巡视，足迹遍布现今中国东部大地，并七次在石上刻文以歌颂秦朝和自己的功德。

　　汉灵帝熹平四年（公元 175 年），蔡邕、张训等将《周易》《尚书》《诗经》《礼记》《春秋》《公羊传》《论语》七种经典选定正本、订正文字。由于当时正值碑刻盛行之际，七种典籍便被用隶书刻于石碑上，作为经书的标准版本，成为中国第一部官定石刻经本。

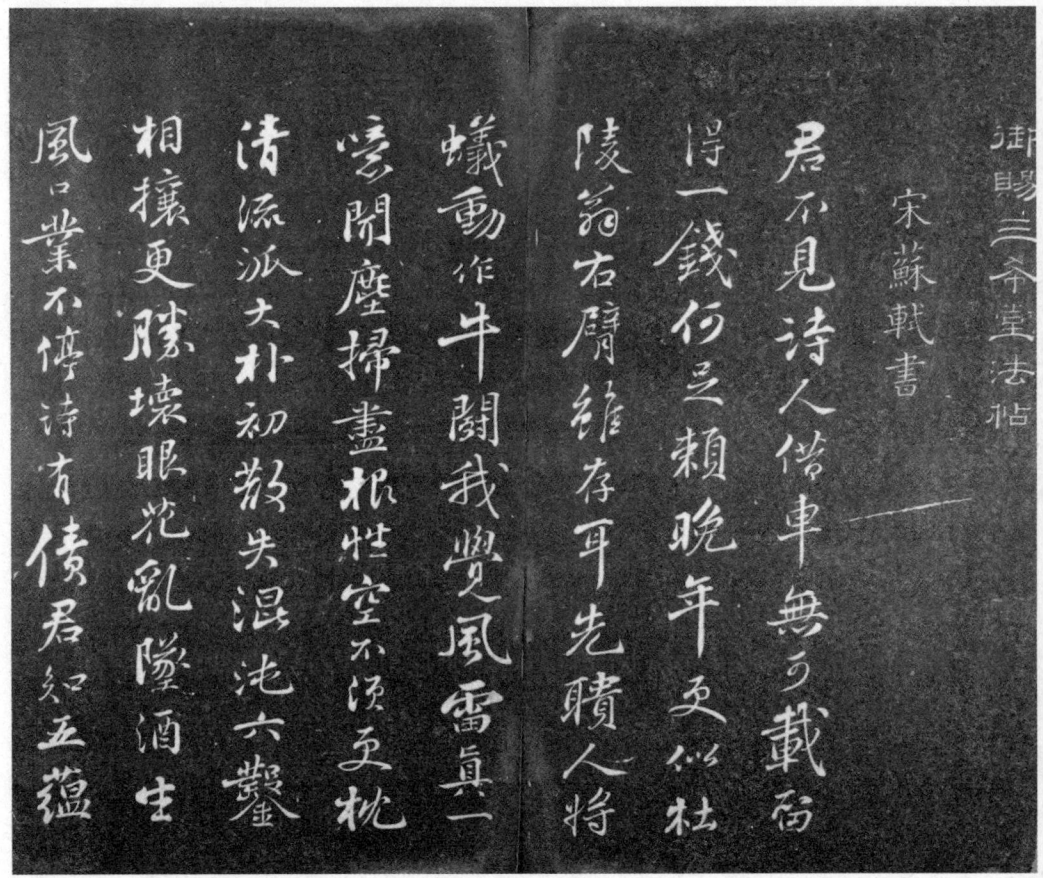

中国古代还有很多实用性石刻应用。如宫殿、门阙、牌坊、桥梁、寺庙等各种建筑构件及一些实用性石刻，如石灯、石函、石镇、碑首、拴马桩等也多有精美的雕刻。古代匠师们充分发挥聪明才智将实用性和艺术性巧妙地结合起来，其中不乏石刻艺术中的珍品。

此外，石刻法帖是石刻中的一类，是中国书法流传的形式之一。所谓石刻法帖，是指临摹在石板上的书法，经捶折、影印、装校而成的可供人效法或欣赏的作品。它与碑刻的区别，主要是在用途和性质方面。一般说，法帖是选历代帝王或名家的墨迹，以供人临摹和欣赏，因而法帖具有"欣赏性"和"可效法性"。而碑刻则不然，研习用的法帖，起于何时，各家说法不一，现在所见最早的法帖则是北宋刻的《淳化阁帖》。

石刻法帖在推动中国书法艺术的发展方面起到了重要作用。石刻法帖兴起以后，历代都有摹刻印刷者，其数目已不下数百种，其中著名的有宋代的《淳化阁帖》《大观帖》，元代的《乐善堂帖》，明代的《停云馆帖》，清代的《子希堂法帖》等。

碑　文

碑文，是指刻在竖石上的文字。这种文字是专为刻碑而作。

碑文是一种具有丰富历史文化内涵的文体形式，与人的生命的死亡紧密结合在一起。它以独特的语言和述颂方式，表达了对逝去生命的颂赞和哀悼之情，折射出生命所具有的丰富色彩。它源于丧葬礼仪，兴起于汉代，是中国古代早期表达对生命死亡之情的文体样式。

碑的种类繁多，碑文的体裁各具特色，归纳起来，可分以下三类：

功德碑。这类碑是为活人歌功颂德的，如李白写的《武昌宰韩君去思颂碑并序》。

庙碑。多见于一些名胜古迹之中，用于记述古迹兴废历史，以

垂示后人。

墓碑。碑文的一种。这类碑文是赞颂死者的，赞其人，不涉及成神显灵等怪事。如韩愈撰写的《柳子厚墓志铭》。

自汉代之后，碑文成为历代文士写作的主要文体样式之一。就流传下来的碑文数量而言，蔡邕有 35 篇，皮信有 31 篇，张说有 80 多篇，韩愈有 75 篇，欧阳修有 111 篇。仅从这些名家的碑志创作数量上，就可看出碑志文体地位之重要。

可以说，碑文从汉代兴起，一直到清代，其影响遍及社会各个阶层，是应用最为广泛的实用文体之一。在今天流传下来的大量墓碑墓志中，名作甚多，有很多典雅优美的作品，包含着丰富的文学资料，具有很高的文学价值。

汉字与书法

书法是中国特有的一种传统文化及艺术。从广义讲，书法是指语言符号的书写法则。换言之，书法是指按照文字特点及其涵义，以其书体笔法、结构和章法写字，使之成为富有美感的艺术作品。

书法不仅是中华民族的文化瑰宝，而且在世界文化艺术宝库中独放异彩。汉字在漫长的历史长河中不断演变发展，一方面起着思想交流、文化继承等重要的社会作用，另一方面它本身又形成了一种独特的造型艺术。近代经过考证，关于中国文字起源，一般认为在距今五六千年前，中国黄河中游的"仰韶文化时期"已经创造了文字。

中国书法的五种主要书体，即楷书体（包含魏碑、正楷），行书体（包含行楷、行草），草书体（包含章草、小草、大草、标准草书），隶书体（包含古隶、今隶），篆书体（包含大篆、小篆）。

篆　书

篆书是大篆和小篆的统称。大篆是周朝时期的文字，广义来说，甲骨文和金文都属于大篆。在周朝，经过了几百年的混乱后，不同的国家发展出了不同的文字，也可以把它们都看成各种大篆。在秦始皇统一六国后，秦国综合了七国的文字制定出了一种通用的文字，也就是小篆。现代汉字就是从小篆演变而来的。虽然小篆已经有 2 200 多年的历史，但它仍然出现在今天的许多场合中，尤其是艺术设计和书画作品中。

大篆字体，在传世的石刻文字，当以石鼓文最具代表性。此种石器，无疑是中国最古老而又最可信的石刻遗物。石鼓文在书法史上有承前启后的重要地位。石鼓文最古的拓本为世所知者，是浙江省宁波的范氏天一阁藏宋拓本。康有为在其《广艺舟双楫》一文中称石鼓文为："金细落地，芝草团云，不烦整裁，自有奇。体稍方扁，统观虫籀，气体相近，石鼓既为中国第一古物，亦当为书家第一法则也。"可谓赞赏之至。

小篆是指秦始皇命李斯等人实行"书同文"，以秦篆为基础，统一六国文字而出现的一种简化的规范文字。小篆笔法圆融平正，结构典雅和平，而且有规可循，是识篆与了解文字本义的唯一门径。小篆发展到清代，线条变粗，而且突破笔画粗细、迟速、顿挫、轻重、方圆的变化。小篆的另一个分支是汉篆，用笔上掺以方折的隶意，而入印的篆书更为方折，又称缪篆，即摹印篆。

历史上，书写小篆最为人称道的便是李斯。李斯不仅是秦代著名的政治家，而且是中国书法史上有记载的第一个创新者。他对汉字书法的发展起了先驱作用。秦始皇统一国家后，丞相李斯主持统一全国文字，这在中国文化史上是一伟大功绩。相传，当时人们对小篆的结构不太熟悉，很难写得称心如意。李斯就和赵高、胡毋等人写了《仓颉篇》《爰历篇》和《博学篇》等范本，供大家临摹。

秦始皇二十八年（公元前219年），始皇东巡所到之处多立石刻碑，以宣扬他的统一业绩。相传李斯就是奉命连夜写一文，第二日便采岭石镌刻，然后立于会稽鹅鼻山山顶（后叫刻石山），这就是历史上著名的"会稽刻石"。清代杨守敬在跋《琅琊台刻石》中说："嬴秦之迹，惟此巍然，虽磨泐最甚，而古厚之气自在，信为无上神品。"可见，李斯实乃篆书之宗也！

隶　书

隶书也叫"隶字""古书"。它是在秦篆的基础上，为适应书写便捷的需要产生的字体。《说文解字·叙》说："秦书有八体，一曰大篆，二曰小篆，三曰刻符，四曰虫书，五曰摹印，六曰署书，七曰殳书，八曰隶书。"基本概括了此时字体的面貌。由于李斯秦之小篆，篆法苛刻，书写不便，于是隶书出现了。"隶书，篆之捷也"，其目的就是为了书写方便。

现代考古证明，隶书确实产生于秦朝。1975年在湖北云梦睡虎地秦墓中出土的1 100余枚墨书竹简，其书体是典型的秦隶，约为秦始皇统一全国后五六年的遗物。

隶书分"秦隶"（古隶）和"汉隶"（今隶）。隶书的出现，是古代文字与书法的一大变革，使中国的书法艺术进入了一个新的境界，是汉字演变史上的一个转折点，奠定了楷书的基础。隶书结体扁平、工整、精巧。到东汉时，撇、捺等点画美化为向上挑起，轻重顿挫富有变化，具有书法艺术美。风格也趋多样化，极具艺术欣赏的价值。

隶书盛行于汉朝，成为主要书体。作为初创的秦隶，留有许多篆意，后不断发展加工。在"罢黜百家，独尊儒术"的思想统一下，是汉代隶书逐步发展定型，成为占统治地位的书体，同时，派生出草书、楷书、行书各书体，为书法艺术奠定基础，至今不衰。

草　书

草书，是为了书写便捷而产生的一种字体。《说文解字》中说："汉兴有草书。"草书始于汉初，其特点是：存字之梗概，损隶之规矩，纵任奔逸，赴速急就，因草创之意，谓之草书。草书又分章草、今草和狂草三种。

章草是早期由草书和汉隶相融的雅化草体，波挑鲜明，笔画钩连呈"波"形，字字独立，字形扁方，笔带横势。章草在汉魏之际最为盛行，后至元朝方复兴，蜕变于明朝。代表作如三国吴皇象《急就章》的松江本。

汉末，章草进一步"草化"，脱去隶书笔画行迹，上下字之间笔势牵连相通，偏旁部首也做了简化和互借，称为"今草"。今草是章草去尽波挑而演变成的，今草书体自魏晋后盛行不衰。略晚于张芝的草书家崔瑗作《草书势》，对草书有"状似连珠，绝而不离""绝笔收势，馀綖纠结""头没尾垂""机微要妙，临时从宜"的描述，可见汉末的草书笔势流畅，已不拘于章法。今草不拘章法，笔势流畅，代表作如晋代王羲之《初月》《得示》等帖。

到了唐代，今草写得更加放纵，笔势连绵环绕，字形奇妙，变化百出，称为"狂草"，亦名大草。以张旭、怀素为代表的狂草，成为完全脱离实用的艺术创作。狂草代表作如唐代张旭《肚痛》等帖和怀素《自叙帖》，都是现存的珍品。

张旭是唐代狂草的集大成者，人称"草圣"。他性格豪放，嗜好饮酒，常在大醉后手舞足蹈，然后回到桌前，提笔落墨，一挥而就。有人说他粗鲁，给他取了个张癫的雅号。

其实，张旭很细心。他认为在日常生活中所触到的事物，都能启发写字。偶有所获，即熔冶于书法中。当时人们只要得到他的片纸只字，都视若珍品，世袭珍藏。那时候，张旭有个邻居，家境贫困，听说张旭性情慷慨，就写信给张旭，希望得到他的资助。张旭非常同情邻人，便在信中说道：你只要说这信是张旭写的，要价可上百金。邻人照着他的话将信上街售卖，果然不到半日就被争购一空。

后人论及唐人书法，对欧、虞、褚、颜、柳、素等均有褒贬，唯对张旭赞叹不已，这是艺术史上绝无仅有的。熊秉明《中国书法理论体系》说："张旭是中国书法史上一个极重要的人物。他创造的狂草是向自由表现方向发展的一个极限，若更自由，文字将不可辨读，书法也就成了抽象点泼的绘画了。"

楷　书

楷书也叫正楷、真书、正书。从隶书逐渐演变而来，更趋简化，字形由扁改方，笔画中简省了汉隶的波势，横平竖直。

楷书是中国封建社会最流行的一种字体。其产生于两汉，经过魏晋时期的发展，在隋唐时期进入繁荣期，千百年来长盛不衰。

古人学书法有这一种说法："学书须先楷法，作字必先大字。大字以颜为法，中楷以欧为法，中楷既熟，然后敛为小楷，以钟王为法。"研究结果表明：初学写字，不宜先学太大的字，中楷比较适合。

小楷，顾名思义，是楷书之小者，创始于三国魏时的钟繇。他原是位杰出的隶书权威大家，所作楷书的笔意，亦脱胎于汉隶，笔势恍如飞鸿戏海，极生动之致。惟结体宽扁，横画长而直画短，仍存隶书的遗意，然已备尽楷法，实为正书之祖。到了东晋王羲之，将小楷书法更加悉心钻研，使之达到了尽善尽美的境界，亦奠立了中国小楷书法优美的欣赏标准。

一般情况下，人们把一寸以上、数寸以下见方的真书称为大楷。较此更大的真书大字被称为"榜书"。根据历代书法家积累的经验，学习书法应先写大楷，作基本练习。掌握好大楷的点画、结构、布白，做到点画准确精到，结构疏密得当，则退而写小楷可做到结体宽绰开张，点画规矩清楚；进而学榜书则能结亲密无间而气魄宏阔，不致涣散无神。

历史上，楷体书法大家林立，其中最著名的便是号称四大家的欧体、颜体、柳体、赵体。

欧阳询，唐代书法家。其楷书法度之严谨，笔力之险峻，世无所匹，被称之为唐人楷书第一。楷书代表作有《九成宫醴泉铭》《皇甫诞碑》《化度寺碑》。

柳公权，唐代书法家。他吸取了颜、欧之长，在晋人劲媚和颜书雍容雄浑之间，形成了自己的柳体，以骨力劲健见长，后世有"颜筋柳骨"的美誉。他一生作品很多，主要有《大唐回元观钟楼铭》《金刚经刻石》《玄秘塔碑》《冯宿碑》《神策军碑》。

颜真卿，唐代书法家，亦称颜鲁公。他自幼学书，又得到张旭亲授，并师法蔡邕、王羲之、王献之、褚遂良等人，融会贯通，加以发展，形成独特风格。其楷书结体方正茂密，笔画横轻竖重，笔力雄强圆厚，气势庄严雄浑，人称"颜体"。

赵孟頫，元代书法家。《元史》本传讲，"孟頫篆籀分隶真行草无不冠绝古今，遂以书名天下"。此外，他还临摹过元魏的定鼎碑及唐虞世南、褚遂良等人，集前代诸家之大成。诚如文嘉所说："魏公于古人书法之佳者，无不仿学。"所以，赵孟頫能在书法上获得如此成就，是和他善于吸取别人的长处分不开的。

行　书

行书是在楷书的基础上发展起来的，介于楷书、草书之间的一种字体，是为了弥补楷书的书写速度太慢和草书的难于辨认而产生的。"行"是"行走"的意思，因此它不像草书那样潦草，也不像楷书那样端正。实质上它是楷书的草化或草书的楷化。

行书产生于两汉时期，大致和"八分楷"出现的时间相接近。但直至魏晋，王羲之才将行书的实用性和艺术性最完美地结合起来，从而创立了光照千古的南派行书艺术，成为书法史上影响最大的一宗。

行书代表作中最著名的是东晋书法家王羲之的《兰亭序》，前人以"龙跳天门，虎卧凤阙"形容其字雄强俊秀，赞誉为"天下第一行书"。颜真卿所书《祭侄稿》，写得劲挺奔放，古人评之为"天下第二行书"。而苏轼的《黄州寒食帖》则被称为"天下第三行书"。行楷中著名的代表作品是唐代李邕的《麓山寺碑》，畅达而腴润。还有如宋代苏轼、黄庭坚、米芾、蔡襄，元代的赵孟頫、鲜于枢、康里巎巎，明代的祝允明、文徵明、董其昌、王铎，清代的刘墉、何绍基等，都擅长行书或行草，有不少作品传世。

中国五千年璀璨的文明及无与伦比的丰富文字记载都已被世人

认可，在历史长河中，中国的书法以其独特的艺术形式和艺术语言再现了这一历史性的嬗变过程。如今，中国书法所承载的，不仅仅是千年文化的积淀，更是华夏儿女的民族符号！

草书与行书

汉字的演变、更替，总是按照时间的分段来一一变化。当一种文字被另外一种文字代替后，前一种文字就不再使用。甲骨文、金文、篆书、隶书等文字，都是如此。不过，汉字中有一种字体却打破了这种常规，几乎贯穿着汉字的整个发展过程，它就是草书。

关于草书产生的时间，历史上说法不一，但大部分的人都赞同汉初说。许慎在《说文解字》中提到"汉兴有草书"。关于草书产生的原因，倒是挺直接的。主要是因为任何书体在使用过程中，都有简写、速写的要求，产生减少笔画和潦草的趋势。

草书虽然不是官方公布的正体字，但使用范围却极广，使用频率极高。比如，早在记录帝王公卿大事的商代甲骨文和周代金文中，就有简笔和潦草的字迹。每当社会变革和文化大发展时期，文字应用频繁，个人随手省简，草书便流行起来。而草书流行的结果，便是异体字的大量快速涌现。

草书分为很多种，主要的是章草、今草和狂草三种。

最早的草书是章章，由汉隶演变而来。相传，章草是东汉章帝时期的一个名叫杜度的人发明的。杜度是一个书法家，他的书法是人们争相模仿的对象。不过，章草绝不是杜度一个人创造发明的，它是时代的需要和众多书法家多年研习的结果。

章草虽为草书，但是仍保留了隶书的几分模样，笔画的分界还比较明确，布局也较为匀称，就是字与字之间也有一定的间隙，大多都有章可循，故而命名为"章草"。

东汉末年，随着楷书的逐步推广，一种在楷书的基础上诞生的新草书出现了。它，就是今草。今草的奠基人是东汉的书法家张芝。世人称张芝为"草圣"。

今草是在章草的基础上，结合楷书的特点而形成的，故而不再含有隶书的痕迹，每个字的笔画相连，每个字之间相互呼应或相连。今草的字或大或小、或长或短、或方或扁，自由灵活，一气呵成，且在书写方面比章草更为简单。只是，同一个字有多个写法，有些字很难一时辨别出来。

张怀瓘在《书断》卷上说："草之书，字字区别，张芝变为今草，如流水速，拔毛连茹，上下牵连，或借上字之下而为下字之上，奇形离合，数意兼包，若悬猿饮涧之象，钩锁连环之状，神化自若，变态不穷。"《书断》卷中说："张芝尤善章草书，出诸杜度、崔瑗。龙骧宝变，青出于蓝。又创为今草，天纵颖异，率意超旷，无惜是非。若清涧长源，流而无限，萦回崖谷，任于造化，至于蚊龙骇兽奔腾拿攫之势，必手随变，窈冥而不知其所知。是谓达节也已。精熟绝妙，冠绝古今。"

到了东晋时期，今草发展到了一个高峰期。王羲之把张芝的今草写法与楷书、行书等书法相融合，令今草别具一格，后世称之为"新草"。王羲之也因精通楷书、行书、草书等字体，被誉为"书圣"。

相传，狂草开创于唐代的张旭。狂草是在今草的基础上演变而来的。狂草的"狂"字，足以说明狂草的特点——字形变化繁多，很难辨认；但书写起来如行云流水，龙飞凤舞，上下贯串，连绵不断。

张旭曾为颜真卿之师。随后，唐代高僧怀素继承了张旭的狂草风格，谓之"以狂继癫"。张旭和怀素都喜欢喝酒，好狂饮，又喜欢酒后疾书，世称张旭为"张癫"，怀素自号为"醉僧"，故世有"癫张狂素"之称。

据说，怀素和尚在他住的寺院里种满了芭蕉。每到夏天，他就把芭蕉叶子摘下来晒干，当作纸来写字。他练字非常刻苦，把很多毛笔上的毛都磨秃了，他把秃笔埋在土里成了一个大土堆，好像一座坟墓，人们称作"笔冢"。

草书发展到狂草，只有艺术欣赏的价值，很少记录语言的实用价值了。因为到最后，字与字之间实在是难以辨认了。

传说，宋朝有个叫张商莫的大官喜欢狂草，经常有人来找他要写好的字。可是，他的草书实在是难以辨认，便希望他在草字后边加注楷书。一次，他在写草书时，一边写，一边念，让他侄子在旁边注楷书。写着写着，有一个字，他的侄子没听清楚，请他再说一遍。结果，他看了一下刚写过的草书，竟然也不认识了，索性批评侄子说："你为什么不早点问，我也忘了。"

行书是介于楷书和草书之间的一种字体，它既吸收了楷书便于记认的优点，又有草书便于书写、飘逸俊秀的优点，其可谓体现了杂交优势。

相传，行书是东汉一个叫刘德升的人创造的。其实，楷书写得快了自然就成了行书，刘德升只不过在这方面的贡献和作为稍大一些。

既然行书兼顾了楷书和草书的特色，那么它们三者之间到底有何区别呢？

唐代张怀瓘在《书断》中说："行书，即正书之小伪，务以简易，相间流行，故渭之行书。"又在《书议》中说："夫行书，非草非真，离方遁圆，在乎季孟之间。兼真者谓之'真行'，带草者谓之'草行'。"

宋《宣和书瞄》中说："自隶法扫地，而真几于拘，草书几于放，介乎两者行书有焉；于是兼真则谓之'真行'，兼草则谓之'行草'。"

从以上古文献记载中，可以得出：行书是介于楷书（真书）、草书之间，与楷书相近（兼真）的叫做"真行"；与草书相近（兼草）的叫做"草行"或"行草"。行书既不像楷书那样拘谨，又不像草

书那样纵放，书写比较简易。所以，在书写流行程度上，行书几乎
与楷书相等。

几千年来，行书已成为人们日常普遍使用的一种字体。现如今，
人们的手写体基本上也是行书字体。而篆、隶、草不适宜于时代所
要求的简捷详明的需要，逐渐地退出了日常书写的舞台。但它们仍
旧具有相当程度的艺术欣赏价值，所以依然需要长时间保留。这是
我们的祖先留给后代的一笔重要文化遗产。

文房四宝

文房四宝，指中国所独有的文书工具，即笔、墨、纸、砚。在
古代中国，它们总是同文人士大夫的书斋生活相关。文人士大夫赋
予了它们深沉含蓄的魅力，它们也成就了文士温文儒雅、挥洒激扬
的风姿。因此，笔、墨、纸、砚又被称作"文房四士"。

笔

《说文解字》：笔，从竹从聿，会意字。简化后的"笔"字从
竹从毛，也属会意。

"笔"本是名词，后引申为动词。白居易《北窗三友》："兴
酣不叠纸，走笔操狂词。"其走笔之"笔"即为动词。代笔、着笔
必有功效，从写作来说引出文笔、拙笔、冗笔、曲笔、铁笔；从绘
画来说引出工笔、泼笔、秃笔。写成文章义引出文体：随笔、漫笔。
杜牧有诗："杜诗韩笔愁来读"，这韩笔即韩愈文章。《文心雕龙·总
述》说得好："今之常言有文有笔，以为无韵者笔也，有韵者文也。
无韵之文谓之散文。"

在林林总总的笔类制品中，毛笔可算是中国独有的品类了。传
统的毛笔不但是古人必备的文房用具，而且在表达中华书法、绘画

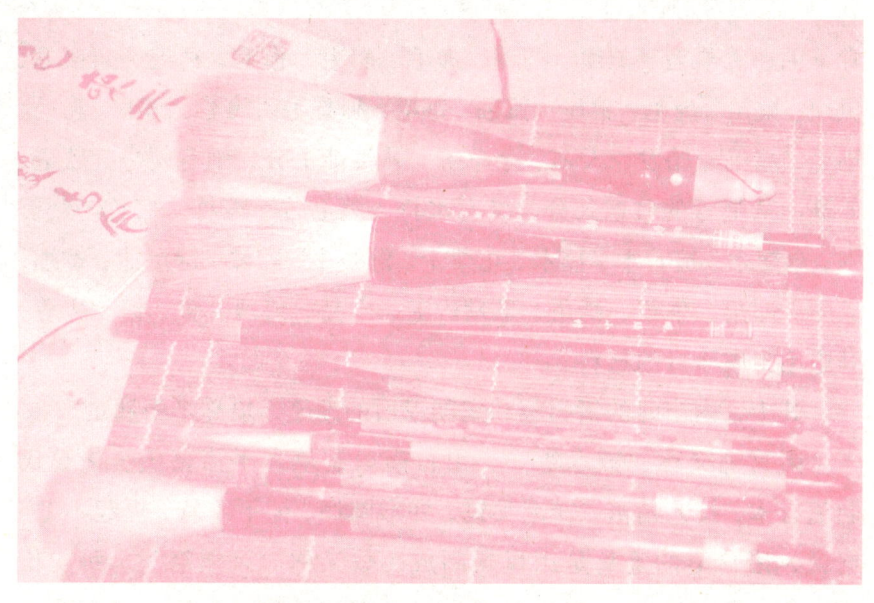

的特殊韵味上具有与众不同的魅力。

最早的毛笔，大约可追溯到两千多年前。西周以前虽然迄今尚未见有毛笔的实物，但从发现的史前彩陶花纹、商代的甲骨文等上面可觅到些许用笔的迹象。东周的竹木简、缣帛上已广泛使用毛笔来书写。

春秋战国时期，各国都已经制作和使用书写用笔了。那时笔的名称繁多：吴国叫"不律"，燕国叫"弗"，楚国叫"幸"，秦国叫"笔"。秦始皇统一全国以后，"笔"就成了定名，一直沿用至今。传说，今日所见的毛笔是由秦国大将蒙恬发明的。

那时，人们通常是用竹签蘸墨，然后再在丝做的绢布上写字的，书写速度很慢。经常要书写大量战报的蒙恬不胜其烦，便萌生了改造笔的念头。多次试验后，蒙恬发现兔尾经改进后，可以很好地胜任书写工作。于是，他就在当时流行的笔名"幸"字上加了个"竹"字头，把它叫做"笨"（今日简写作"笔"）。

古笔的品种较多，从笔毫的原料上来分，就曾有兔毛、白羊毛、青羊毛、黄羊毛、羊须、马毛、鹿毛、麝毛、獾毛、狸毛、貂鼠毛、鼠须、鼠尾、虎毛、狼尾、狐毛、獭毛、猩猩毛、鹅毛、鸭毛、鸡毛、雉毛、猪毛、胎发、人须、茅草等。从性能上分，则有硬毫、软毫、兼毫。从笔管的质地来分，又有水竹、鸡毛竹、斑竹、棕竹、紫檀木、鸡翅木、檀香木、楠木、花梨木、沉香木、雕漆、绿沉漆、螺钿、象牙、犀角、牛角、麟角、玳瑁、玉、水晶、琉璃、金、银、瓷等，其中不少属珍贵的材料。

其中，南唐时的诸葛笔和宋朝以后的湖笔，堪称个中翘楚。

诸葛笔又称"散卓笔"，出自南唐制笔高手诸葛氏。诸葛氏制笔有术，技艺精湛，锋毫尖锐，外形圆润，铺下不软，提起不散。据说，诸葛笔的笔头是用鼠须制成，故又称"鼠须笔"，每支价值十金，绝妙之极。宋朝诗人梅尧臣有诗赞称："笔工诸葛高，海内称第一。"

湖笔，又称"湖颖"，被誉为笔中之冠。湖笔盛起于元代，千百年来长盛不衰。湖笔的制作工艺极其精细和反复，选料严格，具有尖、齐、圆、健的特点，称作"四德"，所以有"毛颖之技甲天下"之说。

墨

《说文解字》："墨，书墨也，从土、从黑，黑亦声。"张舜徽《约注》中说："黑与墨实一语，喉音为黑，唇音为墨。墨有黑义，墨亦有徽义。"《释名》："墨，微也。"脸色微微暗晦气色，人称墨面。鲁迅《无题诗》："万家墨面没蒿莱"，就是指的这种灰暗脸色。

墨，是古代书写中必不可缺的用品。借助这种独创的材料，中国书画奇幻美妙的艺术意境才能得以实现。

在人工制墨发明之前，一般利用天然墨或半天然墨作为书写材料。史前的彩陶纹饰、商周的甲骨文、竹木简牍、缣帛书画等到处留下了原始用墨的遗痕。至汉代，开始出现了人工墨品。这种墨原料取自松烟，最初是用手捏合而成，后来用模制，墨质坚实。

墨的制作非常讲究，选料纯正，加工精细，上等的墨极为细腻、香醇。而细腻的程度主要取决于加工时捣杵的次数，捣杵次数愈多愈细腻，据说一臼捣杵有上十万次的。中国历史上的李廷圭墨和延续至今的徽墨，堪称墨中奇葩。

李廷圭是南唐制墨大家。他所制之墨坚如玉，且有犀纹，丰肌腻理，光泽如漆，具有拈来轻、磨来清、嗅来馨、坚如玉、研无声、一点如漆、万载存真的特点。时与澄心堂纸、龙尾砚、智永笔并称四宝，曾为南唐和北宋御用之墨。宋宣和年间，曾出现过"黄金易得，李墨难求"的局面。

徽墨，即徽州墨，是以松烟、桐油烟、漆烟、胶为主要原料制

作而成的一种主要供传统书法、绘画使用的特种颜料。经点烟、和料、压磨、晾干、挫边、描金、装盒等工序精制而成，成品具有色泽黑润、坚而有光、入纸不晕、舔笔不胶、经久不褪、馨香浓郁、防蛀等特点。自宋以后，徽墨几乎成了墨的代名词，一直延续至今。

纸

许慎在《说文解字》一书中对纸下的定义是："纸，丝澂也"。也就是说，原始的纸是茧衣、缲丝过程中的下脚废丝，以及漂絮时留存在篚底的丝屑纤维形成的一种薄绵片。这种絮片能写字，价格便宜，但强度不够。后来，人们专门用此种丝澂来制作絮片。因它是由丝组成的，故取名曰"纸"，从"纟"旁。

纸是中国古代四大发明之一，曾经为历史上的文化传播立下了卓著功勋。即使在机制纸盛行的今天，某些传统的手工纸依然体现着它不可替代的作用，焕发着独有的光彩。古纸在留传下来的古书

画中尚能一窥其貌。

从迄今为止的考古发现来看，造纸术的发明不晚于西汉初年。最早出土的西汉古纸是1933年在新疆罗布淖尔汉代烽燧亭中发现的，年代不晚于公元前49年。东汉的蔡伦改进造纸术，使得书写工具得以普及，也为世界文化的传播作出了卓越的贡献。在各种各样的纸中，以澄心堂纸和宣纸最为著名。

澄心堂纸产于徽州，南唐后主李煜视这种纸为珍宝，赞其为"纸中之王"，其纸具有"肤如卵膜，坚洁如玉，细薄光润，冠于一时"的特点。并特辟南唐烈祖李节度金陵时宴居、读书、阅览奏章的"澄心堂"来贮藏它，还设局令承御监制造这种佳纸，命之为"澄心堂"纸，供宫中长期使用。澄心堂纸质量极高，但传世极少。

宣纸盛于唐代。宋代时期，徽州、池州、宣城等地的造纸业逐渐转移集中于泾县。当时泾县为宁国府管辖，宁国府治在今宣城，宣城为宣纸集散地，所以这里生产的纸被称为"宣纸"，亦有人称泾县纸。由于宣纸具有"韧而能润、光而不滑、洁白稠密、纹理纯净、搓折无损、润墨性强"等特点，并有独特的渗透、润滑性能。写字时骨神兼备，作画则神采飞扬，成为最能体现中国艺术风格的书画纸，加之其有易于保存、经久不脆、不会褪色等特点，故有"纸寿千年"之誉。

砚

《释名》说："砚者，研也，研墨使和濡也。"宋人马永卿《嫩真子》说："古无砚字，凡研墨不必砚，但可研处只为之尔。"

砚，也称"砚台"，被古人誉为"文房四宝之首"。因为墨须加水，发磨调和才能用，而发墨之石则是砚。砚台的材质包含陶、泥、砖瓦、金属、漆、瓷、石等，最常见的还是石砚。可以作砚的石头极多，中国地大物博，到处是名山大川，自然有多种石头。产石之处，

必然有石工，所以产砚的地方遍布全国各地。

砚台历经秦汉、魏晋，至唐代起，各地相继发现适合制砚的石料，开始以石为主的砚台制作。其中采用广东端州的端石、安徽歙州的歙石及甘肃临洮的洮河石制作的砚台，被分别称作端砚、歙砚、洮河砚。史书将端、歙、临洮砚称作三大名砚。清末，又将山西的澄泥砚与端、歙、临洮砚并列为中国四大名砚。也有人主张，以天然砚石雕制的鲁砚中的红丝石砚代替澄泥砚，合称四大名砚。

传世名帖欣赏

书法，是中华民族独有的文字艺术，古老悠久而生机勃勃。只有含蓄隽永、机敏睿智的炎黄子孙，才能将这独具特色的方块字演绎得如此风姿俊秀。书法最能体现出个人修养、个性魅力和时代精神。

中国传世书法名帖，千百年来几经沧桑流转有序。通过那些各具特色的名字题跋和历代印记，我们能真切地感受到它们极富传奇的身世与经历。这些历史的收藏家、鉴赏家留下的痕迹，经过岁月的洗礼已经和作品本身融为一体。

一、中华十大传世名帖第一名——《三希宝帖》

三希宝帖是东晋书圣王羲之家族留给后世仅有的三件真迹，分别是王羲之的《快雪时晴帖》、王献之的《中秋帖》和王珣的《伯远帖》，是现存最为古老的书法真迹，被历代奉为无上至宝、法书鼻祖，是当之无愧的中华神品，分藏于北京和台北故宫博物院。

二、中华十大传世名帖第二名——天下第一行书：王羲之《兰亭序》

《兰亭序》，又名《兰亭宴集序》《兰亭集序》《临河序》《禊序》《禊贴》，是三大行书书法帖之一。《兰亭序》表现了王羲之书法艺术的最高境界，王羲之的气度、风神、襟怀、情愫得到了充分体现。古人称王羲之的行草如"清风出袖，明月入怀"，堪称绝妙的比喻。今天所谓的《兰亭序》，除了几种唐摹本外，石刻拓本也极为珍贵。最富有传奇色彩的要数《宋拓定武兰亭序》。不管是摹本，还是拓本，都对研究王羲之有相当的说服力，同时又是研究历代书法的极其珍贵的资料。

三、中华十大传世名帖第三名——天下第二行书：颜真卿《祭侄文稿》

《祭侄文稿》全称《祭侄季明文稿》，三大行书书法帖之一。书于唐乾元元年（公元758年）。麻纸本，长28.2厘米，宽75.5厘米，二十三行，每行十一二字不等，共234字。曾经宋宣和内府、元张晏、鲜于枢、明吴廷、清徐乾学、王鸿绪、清内府等收藏，现藏台北故宫博物院。

《祭侄文稿》书法遒劲而舒和，将沉痛切骨的思想感情融和无间，尤为难能可贵。这在书法技巧中，是最难的技巧，堪称中国书法史上唯一的最为遒劲且和润的作品。所谓"干裂秋风，润含春风"，

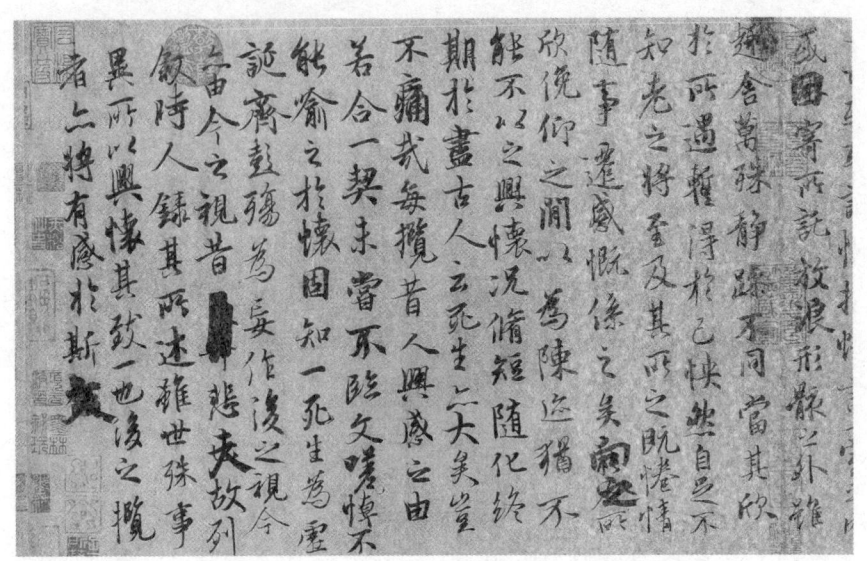

也唯此作品能当之。

四、中华十大传世名帖第四名——天下第三行书：苏轼《黄州寒食诗帖》

《黄州寒食诗帖》是一首遣兴的诗作，是苏轼被贬黄州第三年的寒食节所发的人生之叹。诗写得苍凉多情，表达了苏轼此时惆怅孤独的心情。此诗的书法也正是在这种心情和境况下，有感而出的。通篇书法起伏跌宕，光彩照人，气势奔放，而无荒率之笔。《黄州寒食诗帖》在书法史上影响很大，被称为"天下第三行书"，也是苏轼书法作品中的上乘。正如黄庭坚在此诗后所跋："此书兼颜鲁公，杨少师，李西台笔意，试使东坡复为之，未必及此。"

《黄州寒食诗帖》系三大行书书法帖之一，纸本，25行，共129字，是苏轼行书的代表作。原属圆明园收藏，现藏于台北故宫博物院。

五、中华十大传世名帖第五名——中华第一楷书：欧阳询《仲尼梦奠帖》

欧阳询，世称"大欧"。欧阳询楷书法度之严谨，笔力之险峻，世无所匹，被称之为"唐人楷书第一"。后人以其书于平正中见险绝，适于初学者，号为"欧体"。《仲尼梦奠帖》可谓欧体楷书的登峰造极之作。《仲尼梦奠帖》纸本，长25.5厘米，宽33.6厘米，今藏于辽宁省博物馆。

六、中华十大传世名帖第六名——中华第一草书：怀素《自叙帖》

《自叙帖》是怀素流传下来篇幅最长的作品，也是他晚年草书的代表作。明文徵明题："藏真书如散僧入圣，狂怪处无一点不合规范。"明代安岐谓此帖："墨气纸色精彩动人，其中纵横变化发于毫端，奥妙绝伦有不可形容之势。"原迹现藏于台北故宫博物院。

七、中华十大传世名帖第七名——中华第一美帖：米芾《蜀素帖》

米芾《蜀素帖》，亦称《拟古诗帖》，被后人誉为中华第一美帖。《蜀素帖》结构奇险率意，变幻灵动，缩放有效，欹正相生，字形秀丽颀长，风姿翩翩，随意布势，不衫不履。董其昌在《蜀素帖》后跋曰："此卷如狮子搏象，以全力赴之，当为生平合作。"现存于台北故宫博物院。

八、中华十大传世名帖第八名——天下一人绝世墨宝：徽宗赵佶《草书千字文》

《草书千字文》是宋徽宗赵佶的传世狂草作品，是中国传世十大名帖之一。该帖作于1112年。长31.5厘米，宽111.72厘米，写在一张整幅描金云龙笺上。它是赵佶四十岁时的得意作品，笔势奔放流畅，变幻莫测，一气呵成，颇为壮观，是继张旭、怀素之后的杰作。今藏于辽宁省博物馆。

九、中华十大传世名帖第九名——元代书法宗师楷书奇珍：赵孟頫《前后赤壁赋》

赵孟頫《前后赤壁赋》，点画精到，结体周密，行笔劲健酣畅。唐棣跋云："东坡二赋，松雪要每一书之，负出诸书之右，故深得晋人书法。晚年行笔圆熟，度越唐人，乃知早会用意之深如此。"

十、中华十大传世名帖第十名——明代奇才草书绝品：祝允明《草书诗帖》

祝允明的草书开张舒放，跌宕奇逸，笔力遒劲，点画狼藉，看似乱其实不乱，看似散其实气脉贯注，并不因率意而潦草，笔笔都能断而后起，能于使转中见点画，故通幅视之，显得神采奕奕，气势豪放。王世贞《艺苑卮言》评祝允明书谓："晚节变化出入，不可端倪，风骨烂漫，天真纵逸。"此帖足可当之。

印刷术

印刷术是中华民族的四大发明之一，它的产生使人类的文明得以广泛地、便利地传播和继承。早期的印刷方法是把图文刻在木板上用水墨印刷，现在的木版水印画仍用此法，统称"刻版印刷术"。

由于中国汉字的独特形体构造，汉字在书写过程中无形地形成了书法艺术。在印刷术产生之前，纸张上的文字书写就已经很讲究书法。在印刷中，由于雕版的刀法和结构逐渐形成了汉字的印刷字体。由于印刷内容需要区分标题的主次、反映文章重点等，对印刷字体产生了很大的要求。钱大镛的《明文在》凡例中指出："古代

俱系能书之士，各随其字体书之，无所谓宋字也，明季始有书工，专写胅廓字样谓之宋体。"这是印刷字体中历史最长的字体——宋体，又称老宋体。它的特点是：字形方正，笔画横平竖直，横细竖粗，棱角分明，结构严谨，整齐均匀，有极强的笔画规律性。端庄的宋体被作为印刷用的基本字体，它刚柔相济、浓淡适中，阅读起来也最省力。

雕版印刷的发明时间，历来是一个有争议的问题，经过反复讨论，大多数专家认为雕版印刷的起源时间在公元590—640年，也就是隋朝至唐初。唐初已有印刷品出土。1900年，在敦煌千佛洞里发现一本印刷精美的《金刚经》，末尾题有"咸同九年四月十五日（公元868年）"等字样。这是目前世界上最早的有明确记载日期的印刷品。雕版印刷的印品，可能开始只在民间流行，并有一个与手抄本并存的时期。

沈括在《梦溪笔谈》中说，雕版印刷在唐代尚未盛行。五代时期开始印制大部儒家书籍。以后，经典皆为版刻本。

宋代，雕版印刷已发展到全盛时代，各种印本甚多。较好的雕版材料多用梨木、枣木。因此，对刻印无价值的书，有以"灾及梨枣"的成语来讽刺，意思是白白糟蹋了梨、枣树木。可见，当时刻书风行一时。

雕版印刷一版能印几百部甚至几千部书，对文化的传播起了很大的作用，但是刻板费时费工，大部头的书往往要花费几年的时间，存放版片又要占用很大的地方，而且常会因变形、虫蛀、腐蚀而损坏。印量少而不需要重印的书，版片就成了废物。此外，雕版发现错别字，改起来很困难，常需整块版重新雕刻。

活字制版正好避免了雕版的不足，只要事先准备好足够的单个活字，就可随时拼版，大大地加快了制版时间。活字版印完后，可以拆版，活字可重复使用，且活字比雕版占有的空间小，容易存储和保管。这样活字的优越性就表现出来了。

关于活字印刷的记载，首见于宋代著名科学家沈括的《梦溪笔谈》。

公元 1041—1048 年，平民出身的毕昇用胶泥制字，一个字为一个印，用火烧硬，使之成为陶质。排版时先预备一块铁板，铁板上放松香、蜡、纸灰等的混合物，铁板四周围着一个铁框，在铁框内摆满要印的字印，摆满就是一版。然后用火烘烤，将混合物熔化，与活字块结为一体，趁热用平板在活字上压一下，药剂冷却凝固后，就成为版型。印刷的时候，只要在版型上刷上墨、覆上纸，加一定的压力就行了。印完后，用火把药剂烤化，用手轻轻一抖，活字就可以从钱板上脱落下来。用这种方法印二、三本谈不上什么效率，如果印数多了，几十本以至上千本，效率就很高了。为了提高效率常用两块铁板，一块印刷，一块排字。印完一块，另一块又排好了，这样交替使用，效率很高。

毕昇发明活字印刷，提高了印刷的效率。但是，他的发明并未受到当时统治者和社会的重视，他死后，活字印刷术并没有得到推广。他创造的胶泥活字也没有保留下来。令人欣慰的是，他发明的活字印刷技术流传了下来。

1965 年在浙江温州白象塔内发现的刊本《佛说观无量寿佛经》，经鉴定为北宋元符至崇（1100—1103 年）年活字本。这是毕昇活字印刷技术的最早历史见证。

活字印刷术是人类历史上最伟大的发明之一，是中国对世界文化的重大贡献。

与任何发明创造一样，毕昇发明活字印刷术是有它的社会需要、物质基础和技术条件的。中国社会发展到北宋时期，由于经济的发展、商业的繁荣和文化的兴盛，需要迅速地大量地传播信息。活字印刷术是为解决这个社会需要而产生的。印刷术必须用纸和墨。中

国早在汉代就发明了纸和油烟、松烟两种墨。纸和墨的发明为活字印刷术的诞生奠定了物质基础。战国秦汉以来出现的印章和拓碑等复制文字、图画的方法又为活字印刷术的发明提供了技术条件。

中国是印刷技术的发明地，很多国家的印刷技术或是由中国传入，或是由于受到中国的影响而发展起来的。日本是在中国之后最早发展印刷技术的国家，公元 8 世纪，日本就可以用雕版印佛经了。朝鲜的雕版印刷技术也是从中国传入的，高丽穆宗时（998—1009 年）就开始印制经书。中国的雕版印刷技术经中亚传到波斯，大约 14 世纪由波斯传到埃及。波斯实际上成了中国印刷技术西传的中转站，14 世纪末欧洲才出现用木版雕印的纸牌、圣象和学生用的拉丁文课本。

印刷术的发明，是人类文明史上的光辉篇章，而这一伟绩殊勋的莫大光荣属于中华民族。

第六章

汉字与人的生活

就总的趋势而言，汉字的演变过程为由繁变简。在汉字简化的过程中，有得有失，应该用辩证的观点来看待。如何让汉字使用起来更加规范，除了需要国家出台的一些方案外，还需要每个人在学识上的提升及自我修养的提高。正所谓：没有规矩，哪成方圆！

汉字与古代人的生活

"衣、食、住、行、用"常被人们用来概括日常生活。这五个汉字简单凝练，却有"麻雀虽小，五脏俱全"的意味，每个字中所涵盖的内容都很丰富，可以说是人们最"离不开"的五个汉字。其中的故事，值得细细品味。

汉字的有趣应用

汉字的历史由来已久，其中蕴含的文化也博

大精深。其中有不少汉字的背后隐藏着有趣的故事。下面，就几个汉字来谈谈汉字的有趣应用。

全聚德的"德"字为何少一笔

　　到过或者没到过首都北京的人都知道，北京烤鸭是一道闻名海内外的美味佳肴。在北京众多的烤鸭店中，唯有"全聚德"的烤鸭更胜一筹。"全聚德"的烤鸭被誉为"中华第一吃"，周恩来总理曾多次把全聚德的"全鸭席"选为国宴。

　　"全聚德"烤鸭店是一家百年老店。这家店的创始人叫杨全仁。杨全仁是河北杨家寨人。他初到北京时，在前门外肉市街做生鸡鸭买卖。时间一长，杨全仁对贩卖鸡鸭之道揣摩得精细明白，生意越做越红火。平日里，他省吃俭用，积攒的钱如滚雪球一般越滚越多。他有了自己开一家店铺的想法。

　　每天，杨全仁到肉市上摆摊售卖鸡鸭，都要经过一间名叫"德

聚全"的干果铺。这间铺子招牌虽然醒目，但生意却冷冷清清。到了同治三年（1864年），干果铺的生意更是一蹶不振，濒临倒闭。精明的杨全仁抓住这个机会，拿出他多年的积蓄，买下了"德聚全"的店铺。

有了自己的店铺，杨全仁打算取个响亮的店名。鉴于这个店的原店名，他决定找个风水先生看看。这位风水先生围着店铺转了两圈，站定后捻着胡子说："哎呀，这真是一块风水宝地啊！您看这店铺两边的两条小胡同，就像两根轿杆儿，将来盖起一座楼房，便如同一顶八抬大轿，前程不可限量！"风水先生眼珠一转，又说："不过，以前这间店铺甚为倒运，晦气难除。除非将其'德聚全'的旧字号倒过来，即称"全聚德"，方可冲其霉运，踏上坦途。"风水先生一席话，说得杨全仁眉开眼笑。"全聚德"这个名称正合他的心意，一来他的名字中占有一个"全"字，二来"聚德"就是聚拢德行，可以标榜自己做买卖讲德行。于是，他决定听从风水先生的意见，将店的名号定为"全聚德"。

有了店名，接下来就是写招牌。杨全仁知道，当地有个叫钱子龙的秀才，写得一手好字。当即，他在酒楼摆了一桌酒席，请来钱秀才，为他题写了匾额"全聚德"。这个金字招牌一挂就是一百多年。杨老板的生意做得是风生水起，祖祖辈辈传了下去。

不过，很多人都没有注意到：全聚德的匾额上的"德"字，少了一笔。这，究竟是怎么回事？

有人说，当时杨老板把钱子龙请来，两人对饮开怀，推杯换盏多次，导致钱秀才多喝了两杯，精神有些恍惚，一不留心，将"德"字忘写了一横。也有人说，当时杨全仁创业时，一共雇了13个伙计，加上自己一共14个人。为了让大家安心干活，同心协力，所以让钱秀才少写一横，表示大家心上不能横一把刀，应齐心协力搞好店铺的生意。

当然，这些都是猜测和传说。真正的原因是什么呢？

原来早在一千多年前，"德"就是一个象形字，可以有一横，也可以没有横。这一点，我们可以从唐宋元明清书法名家的墨迹中得到印证。比如，现立于北京国子监孔庙的清朝康熙皇帝御书《大学碑》中的"德"字就没有一横；又比如生活在与全聚德创立同期的清代画家郑板桥本人书写的"德"字，有的带一横，有的不带一横。

另外，我们还可以从中国古钱币方面来考证"德"字。例如，北宋真宗年间（公元1004年）铸造的"景德通宝"的"德"字就没有横，而明朝宣宗年间（公元1426年）铸造的"宣德通宝"的"德"字就有横。

从以上分析可以得出这样的结论：在过去"德"字有两种写法，可以有横，也可以没有横，两种写法都是正确的。全聚德为了保持其牌匾的历史原貌，所以牌匾上的"德"字一直少一横。

"一"字趣说

"一"字在汉字中笔画最少，书写最为简单。但它的字义却相当复杂，而且使用广泛。在《辞源》中，开头第一个字就是"一"字，其下的词目多达350条；《汉语大词典》中也是把"一"字作为部首起端，其中分列了24个义项，复词分列了114页之多，可见"一"字看似简单实则不简单，而且"一"字的背后还有许多趣事呢！

秦代宰相吕不韦叫他的门客编了一部史书，叫做《吕氏春秋》。这本书是吕不韦的众多门客的所见所闻，分八览、六论、十二纪，总共有20多万字，搜集了天地万物古今之事。这本书编好后，吕不韦下令把该书公布在都城咸阳的城门上，声称能增删一字者赏银千两，并邀请诸侯各国游士前来阅读该书。

这就是"一字千金"的故事。关于"一字千金"的故事，还有好几种说法。

汉代淮南王刘安写《淮南子》一书，亦悬赏千金，广泛征求过路读书人的意见。南朝梁钟嵘的《诗品》亦谈起晋代著名诗人陆机所拟写古诗十四首，"文温以丽，意悲而远，惊心动魄，可谓几乎一字千金。"

我国还流传着古代书圣王羲之"一字值千金"的故事。传说，唐太宗特别喜欢王羲之《兰亭序》的字。为了得到《兰亭序》的真迹，他派人到处寻找，用高价一字千金才买到。临死时，唐太宗一再嘱咐后人，要把《兰亭序》的真迹埋在他的坟墓里。因此，《兰亭序》的真迹就失传了。好在，有人把《兰亭序》临写下来又刻在石碑上，今天看到的都是从石碑上拓印下来的。为此有人写道："此书虽向昭陵朽，刻石犹能易万金。"意思是说：《兰亭序》的真迹虽然烂在唐太宗的坟墓里了，但是刻着这些字的石碑还能值千万两黄金。

唐代著名边塞诗人高适曾在江浙一带担任观察史。一天，他路过杭州的清风岭，碰到当地庙内的住持请他题诗留念。高适随即题写了一首七言绝句："绝岭秋风已自凉，鹤翻松露湿衣裳。前村月落一江水，僧在翠微开竹房。"事后，高适反复推敲这首诗的诗句，认为月落时江水随潮，只剩下半江水了，再三思考后要把"一"字改为"半"字。

时隔多日，高适从台州

视察后回到杭州，再去看望庙内住持，并准备拿笔修改前诗。住持告知他，上个月有一位官员经过这里，称赞这首诗写得极好，但诗中的"一"字不如"半"字，改写后即离去。高适询问改诗的是何人，住持告诉他说是著名文人骆宾王。

后人为此发表感慨道：古人一字斟酌不苟，但识见有迟速耳。从此便有了"一丝不苟"这个词。

梅兰芳的"一字师"

所谓"一字师"，是指订正了一字之误，即可为师。《辞源》《辞海》《汉语大词典》都把"一字师"收入词目。这里讲一讲梅兰芳先生的"一字师"故事。

1950年4月，梅兰芳率领京剧团到汉口演出。在《女起解》这场戏中，梅兰芳扮演的苏三有一段"反二黄"唱段，第一句是"崇老伯他说是冤枉难辩"。观众席上，沙市京剧团艺委会主任、年轻的郭叔鹏听到这里，觉得这个"难"字似乎与整个剧情相悖。

于是，郭叔鹏大胆地向梅兰芳质疑："梅先生，你看崇公道的念白里面，哪儿有苏三所唱的'冤枉难辩'的意思呢？相反倒是说她的官司，可能有出头的希望了。""对！对！对！"梅兰芳认真听着，不时点头称是："你的意见，很有道理。依你之见，应该怎样改才好呢？"郭叔鹏认为，将"难辩"的"难"字改为"能"字，就和剧情相吻合。"太好了，改词不改腔，这样跟头里的念白就比较连贯了，观众也容易接受。"梅兰芳含笑拍着郭叔鹏的肩膀称他为"一字师"。从那以后，《女起解》中这句词便唱为"冤枉能辩"了。

当年的5月7日，梅兰芳上演了《宇宙锋》。次日，他又向郭叔鹏征询意见。针对剧中赵高之女装疯一事，两人有了以下一场对话："梅先生，您演的赵女是真疯还是假疯？"

"您看是真的还是假的？"大师反问道。

"我看赵女应该是装疯，是假疯。装出来的疯相是为了蒙骗她父亲的。你听，'我只得把官人来一声唤，我的夫啊，随儿到红罗帐，倒凤颠鸾。'把父亲当作丈夫，还要拉他入罗帐，这在赵高看来，女儿是真的疯了。但'随儿到红罗帐'、中的一个'儿'字，却露出了破绽。赵女自称是'儿'，显然她还知道对方是父亲，这是神态清醒的表现。赵高不傻，凭此很容易识破女儿的装疯。"郭叔鹏认真地分析道。

梅兰芳一听，大加赞赏："这的确是个漏洞。"接下来，他又虚心向郭叔鹏征询修改意见。

郭叔鹏沉思有顷，说道："只要把'儿'字改为'奴'字就行了。'奴'是古代妇女的自称。"

梅兰芳十分满意地说："好，明天我就把这句台词改过来。"

奥运会徽——舞动的"京"字

2008 年的北京奥运会，是世界奥运史上的一个重要里程碑。经历过这场体育盛会的人，一定对本届奥运会的"会徽"不陌生。2008 年北京奥运会会徽采用中国特有的文字和印章的形式，创意十分独特。据会徽的原设计者郭春宁解释说：其实，灵感

来源于中国的传统文化。要把现代奥林匹克精神与中国博大精深的文化很好地结合在一起，这就是他创作的思路。

郭春宁说，开始创作前，他阅读了大量历史书籍和资料，最终决定采用文字和印章的形式。因为文字和印章都是我们的国粹，文字是中国特有的，记载着我们悠久的文化历史，而印章是符号艺术的一种，它们是一个非常好的结合体。另外，印章在中国传统观念中还有承诺、诚信的含义，这也为会徽创作提供了新的理念，就是我们中国郑重承诺要举办世界上最出色的一届奥运会。

中国印章古时称作玺、印、宝、章等。古印章古朴、稚拙的风貌体现着不同时代的人们对于美的理解与追求，浸透着历史的深沉和神秘的美感。其中有一类以图画入印的印章，这就是肖形印。肖形印是我国在先秦就有的印章形式。两汉是古代肖形印的兴盛时期。

有了如此深厚的文化底蕴，创作出肖形印的小篆"京"字就顺理成章了。

篆体创造一个新"京"字，寓意"新北京、新奥运"，再把"京"字拟人化，变幻成一个跑动、跳跃甚至舞动的人形，体现"更快、更高、更强"的奥运精神。

"中国印·舞动的北京"的其中一个含义，即将中国特点、北京特点与奥林匹克运动元素巧妙结合起来。以印章为主体表现形式，将中国传统的印章和书法等艺术形式与运动特征结合起来，经过艺术手法夸张变形、巧妙地幻化成一个向前奔跑、舞动着迎接胜利的运动人形。人的造型同时形似现代"京"字的神韵，蕴含浓重的中国韵味。

如果把"中国印·舞动的北京"看作一个汉字"京"，她便是奥运会会徽史上第一次汉字字形的引入。汉字是表意文字，是象征性的符号体系。汉字中的一笔一画，充满着对生活气氛的烘托和对生命意义的隐喻。如果把"中国印·舞动的北京"当作一个"人"形画，她便是东方绘画表现手法上的一次杰出应用。和西方严格的写实方法相比，东方画在空间要求上比较灵活、概括，允许虚拟和省略。但正是这种虚拟和省略，给观者创造了真实而无限的想象空间。

"中国印·舞动的北京"是一次融合中国书法、印章、舞蹈、绘画艺术和西方现代艺术观念的成功的艺术实践。她表达了人们要表达的理念，也寄托着人们将要赋予她的理想。她是中国的，也是世界的。她将当之无愧地成为奥林匹克运动视觉形象史上的一座艺术丰碑。

同音字和错别字的故事

汉字在简化的过程中，出现了不少音同字不同的汉字。不少人在使用汉字时，乱用同音字，造成了很不好的影响。

"傅"和"付"同音，可意义完全不同。有人认为，"付"是"傅"的简化字，两者等同。也有人认为，"傅"是"付"的异体字。实际上，这两种看法都是错误的。

　　"傅"是形声字，《说文解字》中释义为"相也"。"相"即"帮"的意思，也就是"辅"，辅佐、辅助的意思。由"辅"引出"导"义。古代官职中有"三公"，即太保、太师、太傅。"保"，指保其身体；"师，是导之教训"；"傅，为傅其德义"。后来"师"与"傅"连用，成为称谓用语。

　　"傅"又是姓氏，相传始于商代。自从盘庚去世后，商朝国力每况愈下。武丁即位以后，决心干一番事业，但他认为朝中无一可用之臣，为此"三年不言"。一天夜晚，武丁在梦中看到一个衣衫褴褛的囚犯。神明启示他，这就是你要寻找的圣人。武丁醒后命令下属到处去寻访，终于在一个名叫傅岩的地方发现了这个人，当时这个人正在干苦活。武丁把这个人召进朝廷谈论国事，这个人说得头头是道，被封为宰相。商代终于出现了中兴。这个人本名为"说"，因在傅岩发现的，武丁赐其姓为"傅"。

　　"付"是会意字，左面是"人"，右面是"寸"。"寸"字本为手的象形。就字形来看，是"持物予人"的意思。《说文解字》解释说："付，与也。以寸持物以对人。"它的本义是"给予"。它作为单位量词用，充当"副"的通假字。尽管古代也有"付"姓，如明代有个当过监察御使的付吉。但"付"与"傅"两个字始终是风马牛不相及的。

　　类似于"傅"和"付"这种同音字用错的例子还真不少，又比如"琵琶"与"枇杷"或"圆"与"园"。

　　明朝有个官吏叫袁太冲，很喜欢吃枇杷。有一年袁太冲过生日，女婿为了巴结岳父，就准备了一筐枇杷送去。这个女婿的礼帖中竟写出：无甚孝敬，谨奉琵琶一筐。袁太冲有个老朋友叫莫延韩，喜欢舞墨弄笔，又爱诙谐打趣。他看到礼帖上"谨奉琵琶"的字样，以为送的是乐器琵琶，可是打开竹筐一看，却是一筐枇杷。为此十分好笑，顺手在礼帖上写了一首打油诗："琵琶不是枇杷，只因主人识字差。若是琵琶能结果，满城弦管尽开花。"

袁太冲的女婿看后，羞得满脸通红，饭也不吃了，偷偷地溜回了家。

过去，上海市老西门 11 路无轨电车站牌上曾写着："开往环城园路。"很显然，"园"和"圆"两字用混淆了。"园"的繁体字是"園"，《说文解字》解释为"所以树果也"，是种花果、树木的地方，后也引申为供人游览娱乐的场所。"圆"的繁体字是"圓"，《说文解字》解释为"圆，全也"。而"圜"字，在《说文解字》中释为"天体也"。古人以为天圆地方，所以"圜"也是"圆"的意思。"圆"也用作圆周的简称，后又有了周全、完整的意思，今天还作货币的单位。所以，正确的车站名应该是"环城圆路"。

有人曾说：消灭或减少错别字是奠定成功人生的基石之一。出此"豪言"的真正原因，是因为在学习、生活、工作中读错或写错别字，是一件十分尴尬的事，有时会造成很坏的影响，甚至带来不小的损失。

北宋大文学家苏东坡出任杭州知府时，一些文人雅士闻风而集，吟诗作赋，极其活跃。当地有一个自命不凡的读书人，叫白文秀。实际上，他文理不通，白字连篇，偏偏爱卖弄文才。

一天，白文秀东拼西凑总算写成一篇文章，甚为得意，便送给苏东坡过目，说道："此乃拙作，望老师批点。"东坡接过文章，只见标题是《读过泰论》，半日不解，良久才悟，便大笑道："当年秦朝发生灾害，大水淹了庄稼，难怪，难怪！"（意为"秦"字下的"禾"被"水"淹掉，成了"泰"字）

苏东坡看完后，一言不发地把文章交还给了白文秀。白文秀心

　　想，好歹也要请苏东坡写几句，日后也可以炫耀一番，便央求说：
"老师，当今天下识才者少，忌才者多，一篇好文章没有名人推蔍，
就好比一张皮纸。请老师多少美言几句。"

　　听到白文秀把"推荐"读成"推蔍"，苏东坡又好气又好笑，
鄙夷地看了他一眼，挥笔在文稿上写下了九个字：此文有高山滚鼓
之妙！

　　不明所以的白文秀见了之后，喜不自胜，连连说："劳骂，劳骂！"
他再一次地犯了错，把"劳驾"说成了"劳骂"也不知道，就兴冲
冲取了文稿离开了。

　　从此，白文秀拿着苏东坡的批字到处吹嘘。他一直以为，苏东
坡先生的批语是对他文章的称赞。一些人见了随声附和，真才实学
的人见了则暗暗发笑。最后，一个秀才忍不住点穿了其中的奥妙，说：
"这哪里是批字？这是苏东坡在给你出谜呢。"

　　"出谜，什么谜？"白文秀一时不知所措。

"你倒想一想，高山滚鼓有什么妙啊？你听一听高山上滚鼓是什么声音？"

"噗通——噗通，不通——不通。"

周围的人顿时哈哈大笑，"真是高山滚鼓之妙——不通，不通！哈哈哈！"

这时，白文秀才明白其中的意思，羞得满脸通红，掩起文稿拔腿就跑了。

宋仁宗至和二年（1055年），四川成都府有个名叫赵旭的书生，写得一手好文章。一次京城科举选考，他赶忙进京赴考。赵旭来到京都，在状元坊落店安歇。考试那天，入得考场，经过三场文字卷试后，他回店专等发榜。这时，他自认为考得非常满意，必有希望高中。

没多久，宋仁宗早朝上殿，询问考试情况。宋仁宗先问了榜首前三名是何处何人，试官就将

前三名文卷呈到御前，宋仁宗亲自御览。看了第一卷对试官说："此卷作得极好，可惜卷中有一个错字。"试官就问："何字写错？"仁宗笑指说："乃是一个'唯'字，原来的口旁写错成厶旁。"试官即拜奏说："此二字可通用。"仁宗立即命令人，召考生进见。这张考卷的作者正是赵旭。

赵旭叩拜皇上，仁宗问明来历，赵旭一一回答，没有差错。仁宗见赵旭对答如流，说得头头是道，只可惜答卷上有一错字。于是，他对赵旭说："卷内确有错字。"赵旭惊惶拜问："何字写错？"仁宗说："'唯'本口旁，卿如何写作厶旁？"赵旭回奏："此二字皆可通用。"仁宗不悦，就在御案上取下文房四宝写下四个字给赵旭说："卿家看看，吴矣、吕台，卿言如何通用，与朕诉来！"赵旭看了半晌无言以对。仁宗说："卿可暂退读书。"赵旭只得羞愧退朝。一顶即将到手的状元帽就此失之交臂。

汉字与姓氏

婴儿降生，父母最先想到的是为其取名。中国的姓氏都是一代代传下来的，新生命的到来是整个家族的传承，而姓的由来也值得探究。

在上古时期，"姓"又写作"性"或"生""青"。这些不同的写法，反映了"姓"字本身的历史发展轨迹。如"姓"写作"性"，主要见于商周时期。至春秋战国时期，"性"字又被简写为"生"。《尚书·舜典》中所谓"帝厘下土，方设居方，别生分类"，其中的"生"就是"性"。所以，唐人孔颖达解释说："生，姓也。别其性族，分其类，使相从。"

此后，"姓"字又由"生"演化为"肓"，其中"看"由"生""自"

两部分组成，"生"也就是"姓"，"自"则是"鼻"字的本字，古时有"初""始"之意。如《方言》释"鼻"曰："梁益之间，谓鼻为初。"《尔雅·释访》也说："初，始也。"这里把"生""自"合为一字，共同表示"姓"字的含义，与"女""生"二字所组成"姓"字的含义完全相同。

在母系氏族时期，一些古姓都从"女"。在《说文解字》女部中有所记载：

> 姜，神农居姜水，因以为姓。从女，羊声。段玉裁注："《渭水篇》注曰：'岐水又东迳姜氏城南为姜水。'引《帝王世纪》'炎帝神农姜姓。母女登游华阳，感神而生炎帝。长于姜水'是其地。"
>
> 姬，黄帝居姬水，因水为姓。从女，臣声。段玉裁于"姓"字下注云："黄帝母居姬水，因以为姓。"
>
> 姚，虞舜居姚墟，因以为姓。从女，兆声。段玉裁于"姓"下注云："舜母居姚墟，因以为姓。"

其他如嬴、姞、妘等，都是古姓于母系氏族社会的明证。

古姓源于母系氏族社会，但此后的姓氏发展则以父系氏族为主。《国语·晋语四》中说：

> 黄帝之子二十五人，其同姓者，二人而已，唯青阳与夷鼓皆为已姓。……其同生而异性者，四母之子，别为十二姓。凡黄帝之子，二十五宗，其得姓者十四人，为十二姓：姬、酉、祁、己、滕、箴、任、荀、僖、桔、俱、依是也。

这十二姓中，除"姬"是黄帝原姓外，其他都是后来增加的。

在排列姓名的表格中不难发现，姓名笔画是一个非常好用的排序方法——以姓氏笔画为序。姓氏并称，表示同一个概念。但在上古时期，姓与氏所指完全不同，其中姓表示一个人的血统所自出，氏则是姓的分支和发展。

《通鉴·外纪》中记载："姓者，统其祖考之所自出；氏者，别其子孙之所自分。"段玉裁《说文解字》注："姓者，统于上者也；氏者，别于下者也。"意思是，一个人的姓，指他的血统来源而言，氏则是指他子孙的血统来源而言。

之所以进行这种区分，其一在于严格男女之别，如三代之时"男子称氏，妇人称姓"；其二是为了区别贵贱，出身低贱的人根本就不知道自己的血统从何出，也就没有"氏"；其三是为了更好地选取婚姻之家。

春秋末年以后，由于礼崩乐坏和战乱的影响，姓与氏之间的界线慢慢变得模糊不清，开始出现姓氏趋于统一的势头。秦朝统一天下后，"废封建，虽公族亦无议负之律，匹夫编户，知有氏不知有姓久矣"。此后的人们有时称姓，有时称氏，有时姓氏并称，完全没有了以前的章法。于是，姓氏便开始合二为一。

在生活中遇到陌生人的时候，人们首先问道"请问你贵姓？"如此开口，为的是知晓对方的姓名。众所周知，汉字中有众多同音不同字的情况。为了准确说出自己的姓氏，人们通常把姓氏拆分开来回答，比如"弓长张""耳东陈""木子李"等。

利用汉字的结构特点，将姓氏用字拆卸组装的做法，最早起源于西汉。《汉书·王莽传》中记载："今百姓成言皇天划汉而立新，废刘而兴王。夫'刘'之为字，卯、金、刀也。"《后汉书·光武帝纪》也引谶记说："刘秀发兵捕不道，卯金修德为天子。"李贤注："卯金，刘字也。"《春秋演孔图》曰："名为刘，赤帝后，次代周。"

由此可见，西汉末年，人们已习惯将姓氏的字分解为若干部件了。《三国志·魏志·董卓传》记王允谋诛董卓，裴松之注引《英雄记》说：时有谣言曰：“千里草，何青青！十日卜，犹不生。”意思是：千里草合为“董”字，“十日卜”合为“卓”字。歌谣的意思是说董卓活不成。人民群众愤恨董卓残暴，这是在咒他死。

除了上述卯金刀为“刘”，千里草为“董”，言午为“许”，十八子为“李”之外，还有一些：“双人徐”“双口吕”“双木林”“三画王”“三点汪”。这种文字离合拆装，都是取其形似而已。人们为了好记，易区别，常用此方法来确定文字，不能不说，这是民族智慧的结晶。

汉字与战争

在远古时代，各个诸侯国之间经常进行战争。战火纷飞，兵戎相见。战争中最不能缺乏的就是兵器。在当时的情况下，人们所造出的与战争有关的汉字，体现了时代的特点。

兵

兵，军械。字形采用“廾、斤”会义，像双手持斧，使劲的样子。造字本义：手持战斧作战的士卒。

提到兵器，人们首先会想到“十八般兵器”。然而，这如雷贯耳的“十八般兵器”是什么时候开始出现的呢？

中国古籍中记载，刀、枪、弓、箭为黄帝所造；“十八般兵器”是战国时代军事家孙膑、吴起所创。其实，这些兵器的出现远比黄帝、孙膑、吴起时代早，至少在中石器时期，人们为了防身和狩猎需要，就开始制造和使用木棒、石刀、石斧等一系列原始的兵器。在中国各地新石器时代的各个文化遗址中，曾发现用石料、兽骨和蚌壳磨

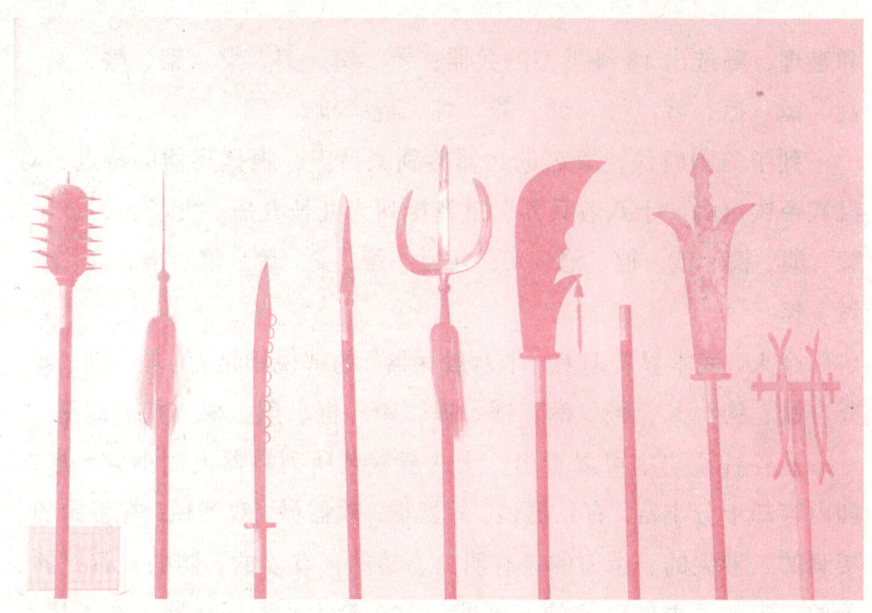

成的箭镞，这就是一个很好的证明。

到了商代，人们开始使用青铜铸造刀、枪、钺等兵器。战国时代，逐渐开始使用铁来铸造兵器。到了汉代和魏晋时期，由于南方冶金事业的进一步发展，人们普遍使用铁和钢铸造刀、枪、剑，各种各样的兵器也开始多了起来。南北朝以后，铜制的兵器都由铁和钢代替。到了明代，"十八般兵器"基本上已完备定型。

"十八般兵器"一词在明代谢肇的《五杂俎》，清代褚人获的《坚集》两书中都只有"十八般武艺"之说。"十八般兵器"究竟指的是哪些兵器？这个问题一直没有统一的说明。由于年代、地区和流派的不同，对"十八般兵器"的解说也各异。汇总起来，古今有多种不同的说法：

据《五杂俎》和《坚集》两书所载，"十八般兵器"为弓、弩、枪、刀、剑、矛、盾、斧、钺、戟、黄、铜、挝、殳（棍）、叉、耙头、锦绳套索、白打（拳术）。后人称其为"小十八般"。

最早是汉武帝于元封四年（公元前107年），经过严格的挑选和整理，筛选出 18 种类型的兵器：矛、镗、刀、戈、槊、鞭、锏、剑、锤、抓、戟、弓、钺、斧、牌、棍、枪、叉。

到了三国时代，著名的兵器鉴别家吕虔，根据兵器的特点，对汉武帝钦定的"十八般兵器"重新排列为九长九短。九长：刀、矛、戟、槊、镗、钺、棍、枪、叉；九短：斧、戈、牌、箭、鞭、剑、锏、锤、抓。

今天，武术界普遍对"十八般兵器"的解说则是刀、枪、剑、戟、斧、钺、钩、叉、鞭、锏、锤、抓、镗、棍、槊、棒、拐、流星。

从各种说法中可以看出，十八般武艺所列兵器大同小异，形式和内容却十分丰富。有长器械，短器械；软器械、双器械；有带钩的、带刺的、带尖的、带刀的；有明的、暗的；有攻的、防的；有打的、杀的、击的、射的、挡的。可见，十八般武艺所列兵器，在古代大师的兵器（约有四百多种）中，是在实战时最常用的一部分。

弓

弓，以近射远的武器。字形像弓的形象。早期甲骨文像一个弯拱上绷着的丝弦，上端有挂钩。古代有个名叫"挥"的人创制了弓。《周礼》上说的六弓是：王弓、弧弓用来射击铠甲或射击甲革制的耙子；夹弓、庾弓用来射击胡地野狗皮或其他鸟兽皮作的耙子；唐弓、大弓用去教练初学射箭的人。所有与"弓"有关的字，都采用"弓"作偏旁。造字本义：利用有弹性的弯拱和丝弦射箭或发弹的古代战械。

弓箭在人类历史上是一种杀伤力很强的武器，它在中国古代同样也是具有划时代意义的生产工具。通过汉字"弓"，能够认识弓箭悠久的历史和深刻的文化内涵。

甲骨文、金文和小篆中的"弓"字其实都是弓的象形，它们有的像上了弦的弓，既有弯曲的弓背，又有弓弦；有的则像没上弦的弓。

　　虽然"弓"字最早见于甲骨文，但人类使用弓箭的历史其实要比"弓"字的历史悠久得多。据考古发现，大概在三万年前的旧石器时期，人类就开始使用弓箭了。

　　最早的弓很简陋，人们将一根树枝或一根竹子弯曲，再用藤条或兽筋作弦，就做成了一张弓。后来，人们将弓体弧形中央部分凹进去，这种返曲了的弓，发射威力大，射程也更远。而从金文、小篆以及楷体"弓"字的形体来看，当初人们所使用的弓，很可能就已经是那种威力强大的返曲弓了。

　　弓，从结构上分为干和弦两部分。实际上，弓平时是不上弦的，出于放松状态的弓，人们称之为"弛"，即松弛。而搭箭上弦，弓干紧张，人们把这种状态叫"张"。

　　《礼记》中说："张而不弛，文武弗能也；弛而不张，文武弗为也。一张一弛，文武之道也。"这句话用弓弩的张弛来比喻周文王、周武王治理国家的技巧，只有宽严相济、张弛有道，国家才能良性发展。现在，人们也常用"一张一弛"来比喻生活的松紧和工作的劳逸要合理安排。

　　虽然弓只是一种简单的狩猎工具，但它的发明却极大地改善了狩猎条件，提高了人类的生活状况。可以说，弓在古人的生活中是既常见又重要的器具。这一点，从各种关于弓的表述和故事中可见一斑。

弓的劲大，人们称之为"强弓""硬弓"；弓的劲小，人们称其为"弱弓""软弓"。"强"和"弱"这两个字中都用"弓"字作为部首，可见这两个字本来就和"弓"有关。此外，古人对那些拉大弓、射箭本领高超的人也是极为崇敬，所以也有"弯弓射大雕""左右开弓"等说法。

在《晋书·乐广传》中还记载了一个有关"弓"的趣事。晋朝文人乐广请朋友到家吃饭，墙上挂的弓正巧在客人的酒杯中投下倒影，客人误以为酒杯中有一条弯曲的小蛇，惊吓不已。后来，这个"杯弓蛇影"的故事便被用来比喻人疑神疑鬼，把虚幻当作真实。

汉字与十二生肖

十二生肖是中华民族独一无二的象征，如此宝贵的文化遗产，其文化内涵、知识情趣、民俗观念，超越世界上任何一个单项文化。如今，当人们看到十二生肖的汉字，就能自然地想到这十二种动物的模样。那么，这十二个代表了十二种动物的汉字当初是如何出现的呢？

"鼠"是象形字，在金文里，鼠是侧立的全鼠形象。从上而下：头、牙、腹、足、尾俱全。但这个"鼠"字，上半不是"臼"字，而是开口露齿的形状，下半右钩表示尾巴，其余表示爪子。

"牛"是象形字，像牛头之形。最早的牛字比较具体：有两只角，额部、耳朵、眼睛、鼻子都齐全。在甲骨文里，"牛"字简化了很多，牛头上只有两角和耳朵，额部和面部合成一条直线。隶书又进一步简化，牛头上的两角只留一只，这就是我们今天看到"牛"字的样子。

"虎"是象形字，在甲骨文里，"虎"字像全虎的形状，整个虎竖立，上方是虎头，接着是有纹理的虎身，向左伸出两只脚，下垂是虎尾，人们还是按照这样的顺序书写，只是笔画简化后，老虎的形象就消失殆尽了。

　　"兔"是象形字，在甲骨文里，"兔"字像全兔的形状，不过线条很简洁：侧目竖立，兔头的上方有长长的耳朵，身子下方有翘起的尾巴。从小篆开始，兔字书写顺序一直没有变，仍给人以蹲踞的感觉。

　　"龙"是象形字，在甲骨文里，"龙"字像一条有角的蛇，随着字体的演变，笔画逐渐增加，到小篆达到了顶峰，有十六画之多。汉字简化后，"龙"字只有五画，完全认不出龙的形态。

　　"蛇"最早写成"它"字，而"它"是一个地道的象形字。在甲骨文里，"它"字上方像人足之形（止），表示人们足踩蛇会很危险；下方像全蛇之形，三角头，细颈，长身。现在的写法，人足不见了，却另加了个"虫"旁。"虫"，是毒蛇之形，与"它"同类。"它"后来借用为代词，加"虫"旁，就表示"蛇"的"它"与表示代词的"它"区别开来。

　　"马"是象形字，在甲骨文里，"马"字侧面而立，自上而下，头、眼、口、鬃，在身上连成了三横，下方四腿加上一条尾巴。汉隶书写"马"字的下方四腿变成了四点，尾巴不见了。

　　"羊"是象形字，像羊头之形，最早的羊头，比较具体，平顶卷角，有耳有眼，还有羊须。在甲骨文里，"羊"字比较简洁，羊头上只有两角和表示双眼的三角形。后来三角形逐渐分离成一竖三横。历史上的羌族，是著名游牧民族。"羌"字，是"羊"和"人"的合体，字形和字义十分吻合。

　　"猴"最早也是象形字，写作"夒"。"夒"字像搔首弄姿的猴子形状。一直到汉隶，还在用夒字，只是猴形只剩下手、足、尾了。

在"猴"字产生之前，还用过一个过渡性的形声字，那就是"猱"字。

"鸡"的繁体字"鷄"，是形声字，"奚"是声符，"鸟"是形符。在甲骨文里，除形声字的写法，还有象形字的写法，像竖立的全鸡形状。现在的简体字"鸡"，不是形声字，因为"又"只是个符号，和读音无关。

"狗"是后起形声字，句（读gōu）是声符，"犭"是形符。"犭"的前身是"犬"。在甲骨文里，犬字侧面而立，表明"犬"是一个象形字。在《说文解字》里，狗、犬二字并收。并说：大狗叫"犬"，小狗叫"狗"。现在狗、犬二字通用，不受限制了。

"猪"也是后起的形声字，"犭"是形符，"者"是声符。"猪"字原写作"豕"。在甲骨文里，"豕"字像侧面竖立的猪形状，头、足、尾历历可见。在《说文解字》里，猪、豕二字并收，说明秦汉之前"猪"字已经有了。《说文解字》里，还收有一个"豲"字，甲骨文表明，这是一个中箭的野猪形状。"豲"在文言文里较常见，泛称猪。

汉字与数字

数字本身奥妙无穷，与文字相结合更是相得益彰。中国历史上，绝妙的数字诗比比皆是。

卓文君有首数字诗，历代为人们所传诵，是爱情诗中的经典！而这封与数字相关的爱情诗，其灵感就来源于卓文君的丈夫司马相如的家书。

西汉时，蜀中才子司马相如赴长安谋职。一去五年，杳无音信。时隔五年之久，妻子卓文君遥想当年与丈夫相识的时刻，仍记忆犹新：当初，20岁的卓文君不幸成了寡妇，之后便回娘家居住。一次，司马相如来拜访卓文君的父亲，偶然见到了容貌姣好的卓文君，便在弹琴时唱了一首自编的情歌，以表达对卓文君的倾慕之情。此后，卓文君不顾父亲的反对，放弃一切，连夜与司马相如私奔了。两人结合后，卓文君不嫌弃司马相如的贫寒，以千金之躯当垆卖酒，维持生计。

可如今，司马相如官拜中郎将，却寄来了一封内容只有"一二三四五六七八九十百千万"的家书，这使得卓文君欲哭无泪。她怀着对丈夫的爱恋，挥毫疾书，根据这些数字写就了一首饱含深情的情诗：

　　　　一别之后，二地相思，只说是三四月，又谁知五六年，七弦琴无心弹，八行书无可传，九连环从中折断，十里长亭望眼欲穿，百思想，千般念，万般无奈把君怨。

　　　　万语千言说不完，百无聊赖十依栏，重九登高看孤雁，八月中秋月圆人不圆，七月半烧香秉烛问苍天，六月伏天人人摇扇我心寒。五月石榴如火偏遇阵阵冷雨浇花端，四月枇杷未黄我欲对镜心意乱。急匆匆，三月桃花随水转。飘零零，二月风筝线儿断，唉！郎呀郎，巴不得下世你为女来我为男。

很快，司马相如收到了妻子的回信。当他读到这首爱情诗的时候，悔恨不已，深为卓文君的聪明才智和纯贞爱情所感动。于是，司马相如立即备车马，亲自回到成都将卓文君接到了长安。从此，司马相如杜绝犬马声色，兢兢业业做学问，终成辞赋大家。

三国时期，魏王曹操去世后，他的长子曹丕称帝即位，即魏文帝。而曹丕的弟弟曹植很有才华，精通天文地理，管治有方，说起朝廷中的政事滔滔不绝，因此在朝中很有威信。哥哥曹丕把这一切都看在眼里，心中的妒忌之火油然而生，对曹植产生了怨恨之心。

曹丕视弟弟曹植为眼中钉、肉中刺，处处苦苦相逼。许多大臣在皇帝面前也说三道四，谣言惑众：有的说，朝中一日有曹植，宫内鸡犬不宁，如他日造反，图谋篡位，岂不是宫中一大害？有的说，不如先下手为强，斩草除根，以免日后夜长梦多。

曹丕听信了谗言，决定择日动手。正巧一日赶上一位大臣禀报，有人造反，图谋篡位。曹丕认定弟弟曹植为主谋，正午时分，曹丕传弟弟曹植到池厅边相见，曹植一到，就被早已埋伏好的卫队挥刀截下。见到曹丕，曹植道："哥哥找我有什么事？"曹丕说："宫中造反一事，想必你也听说了吧，我登上皇位你怀恨在心，这事是

不是你主使的？"曹植长叹一声："哥哥怀疑我造反，谋你河山篡你朝位！这罪行我可不敢担当，还请哥哥明察秋毫。"曹丕虽心怀兄弟之情，却还是要将弟弟曹丕一军："好，

看在你我兄弟的情谊，我命你在七步之内作出一首诗。不然，休怪我大义灭亲。"曹植痛快地回答："一言为定，若我不能在七步内作诗一首，任凭你处置。"

说完，曹植便迈出了第一步。此时，从远处飘来阵阵煮豆的香味。曹植闻到豆香，一首借物抒情的诗便在心中成型。在曹植刚走到第六步时，就脱口而出："煮豆持作羹，漉菽以为汁。萁在釜下燃，豆在釜中泣。本自同根生，相煎何太急？"此诗作完，曹植对曹丕说："我们虽有君臣之分，但毕竟是骨肉相连，何必苦苦相逼，手足相残？我无意与你权利相争，无论谁是君主，我都会忠贞不渝地跟随，毫无怨言！明枪易挡暗箭难防。若你要杀我，轻而易举，何必大费周章，先父在九泉之下是不能瞑目的呀。"曹丕听了，被驳得无话可说。只得暂时隐忍，放曹植离去。

明代文学家、书画家祝允明自幼聪慧过人。在私塾读书时，他是负责主持学习事物的学长。一次，教书先生布置学生们背邵雍的《乡村》。《乡村》是一首著名的数字诗，全诗是：一去二三里，烟村四五家。亭台六七座，八九十枝花。随后，教书先生便拂袖而去，把问题留给了学生们。

接下来的三天，教书先生都没有露面，作为学长的小祝允明去先生的棋友处找先生，却没有找到。他从先生的棋友口里得知，先生这几天总要来赌四五盘棋，共赢了六七两银子，还有八九十斤盐，此时应该已经返回家中了。

三天后先生才来学堂，他想看看布置给学生们的任务完成得如何，便点名让学长祝允明照邵雍的《乡村》诗写一首数字诗。机灵的祝允明略一思索，很快便吟道：

一去两三天，
天天四五盘。

赢银六七两，

八九十斤盐。

祝允明的诗刚一念完，教书先生的脸已经涨得通红。聪明的祝允明给教书先生上了一课。

清代著名的书画家、文学家郑板桥也很喜欢数字诗，他在当官的时候也不忘用诗来表达对百姓的关怀。

郑板桥在山东潍县任知府时，某年该地遭受涝灾，全县受灾严重，百姓深受其苦。面对自然灾害，郑板桥无可奈何，用诗表达了自己的无奈以及对百姓的同情：

一二三月连雨天，

四五六月雨涟涟。

七八九月村村水，

十万农户缺吃穿。

历史上，许多文人墨客都有与数字诗有关的故事。江南四大才子中的两位——祝枝山与周文宾，周文宾就曾用数字诗互答。

据传，明朝时候，祝枝山与周文宾同去杭州，赶上元宵节，便一起上街看花灯。两人别出心裁，周文宾男扮女装，一同上了街。兵部王尚书的儿子王老虎，对周文宾这个"美人"一见钟情，将他抢到王府，强迫他与自己成亲。周文宾就是不答应，当晚被送到王老虎的妹妹王秀英的房间里歇息，没想到无意间竟促成了一段美好姻缘。在闺房里，王秀英作了一首诗：

百尺楼头花一溪，七香车过五陵西。

六桥遥望三湘水，八载空惊半夜鸡。

风急九秋双燕去，云开四面万山齐。

子规不解愁千丈，十二时中两两啼。

诗中用了半、一、二、两、双、三、四、五、六、七、八、九、十、百、千、万这些数字。周文宾对此诗大加称赞，也和诗一首：

百尺高楼四五溪，珠簾十六卷东西。

二分明月三分恨，一夜相思半夜鸡。

黄鹤高飞万丈远，红鸾新绣两双齐。

春归八九愁千斛，七里山塘罢乱啼。

诗中也嵌入了半、两、双及一至万的各个数字，可谓珠联璧合。

通过不同年代、不同历史时期文人们对数字诗的创作，我们能够从这些诗中领略到特别的诗趣。

从汉字看古代人的服饰

衣

衣，象形。上面像领口，两旁像袖筒，底下像两襟左右相覆，为上衣形。金文和小篆的形体变化不大。随着汉字的演变，出现楷书时，"衣"字才完全失去了衣服的模样。造字本义：两袖宽松、两襟相掩的古代服装。

"衣"的基本作用是蔽体和御寒。在古代汉语中，"衣"

的意思是"上衣"。中国古代人上身穿有宽大袖子的有襟长衣，下身穿像裙子一样的"裳"，款式相当于今天的裙子。因为汉族是农耕民族，这样的穿着对人们的生产和生活来说很合适。

《说文》："上曰衣，下曰裳。"清代著名文字学家段玉裁在其著作注释："上为曲领，左右象袂（袖子），中象交衽（衣襟）。"在《诗经·邶风·绿衣》中写道："绿衣黄裳"，是说"绿色的上衣，黄色的下衣"。现在，人们也常在口语中把"衣"和"裳"（cháng）两个字连在一起使用，读作衣裳（shang），即"衣服"。

随着汉字的演变和现代服饰的发展，现在楷书的字形已经很难让人们看出衣的样子了。而且，"衣"字的意义也发生了改变。在现代汉语里，"衣"字是上衣与下衣的统称，可以指所有的衣服。

除了衣服，人们还要戴一些佩饰，帽子就是很重要的一项。在中国古代，人们把帽子称为"冠"，"衣"和"冠"也经常连用。比如"衣冠楚楚"，用来形容人穿戴整齐漂亮；相反，"衣冠禽兽"则用来指道德败坏的人；与衣冠连用的词往往起到改变词义的意思，如"衣冠扫地"，用来形容一个人不顾名节、丧尽廉耻。

古人不仅讲究穿衣戴帽，衣服质地也是身份地位的象征。和现在人们喜欢棉麻质地的衣料不同，在中国古代，棉麻布质地的衣服，多是普通老百姓穿的；而一旦身居官位，穿的则是绫罗绸缎。所以，"布衣"这个词指代的是平民百姓。

此外，古代的衣服上没有纽扣或拉链，而是在腰间用布条做成的带子一系，这种带子就被称为衣带。宋代词人柳永曾经有两句非常有名的词句写道："衣带渐宽终不悔，为伊消得人憔悴。"意思是说，由于思念远方的爱人，自己越来越消瘦，衣带也渐渐宽松了，但尽管这样，自己仍然矢志不渝、毫不后悔。

"衣"是汉字的一个部首，所有与衣相关的字，都采用"衣"作偏旁。服装的改革是为了适应时代的需要，虽然从古至今衣服的样式是在不断变化的，但是在汉字中，表示与衣服或布匹有关的字里，仍都有一个"衣"字。"衣"作意符，有的放在字的左边，写成："衤"，如"裙""裤""衬""衫""袄"等；有的放在字的下部，仍写成"衣"，如"衰""裳""袈""裟"等。

衣服和食物都是人们生活的必需品，因此"衣"与"食"的联系也十分紧密。比如"锦衣玉食"，是指衣服和饮食都非常精美，用来形容生活的奢侈豪华。还有"衣食父母"一词，则是把提供人们生存的衣食和给予人们生命的父母联系起来，用来指代那些供给自己吃穿的人。

人们穿衣，与衣服有关。不过，"衣"也与自然相关。成语"一衣带水"，它是指像一条衣带那样窄的河流，用来比喻虽然有江海阻隔，但不足以限制人们的交往。同时，"衣"字还可以用作动词，表示穿的意思。成语"衣锦还乡"就是穿着华丽

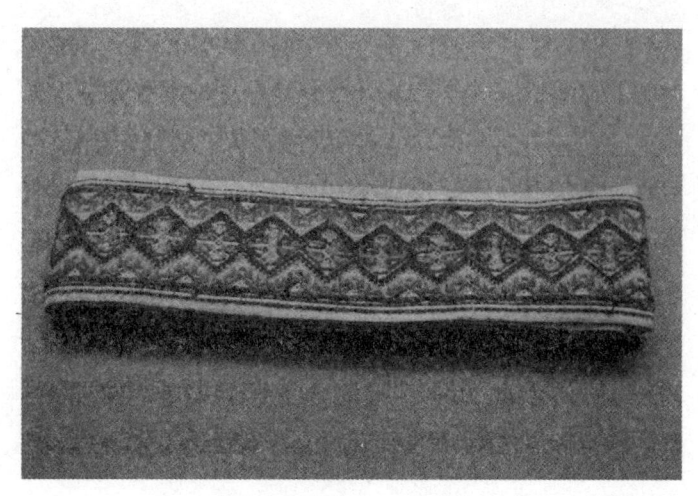

的衣服回到家乡，用来形容人们富贵之后向邻里乡亲炫耀。

在现代汉语中，"衣"字还有个引申义，用来指包裹在物体外面的东西，比如"糖衣"就是指包在苦味药物表面的那一层糖皮儿，而"糖衣炮弹"则是指裹着糖衣的炮弹，用来比喻对人拉拢、诱惑的手段。

布

布，麻织品。字形采用"巾"作偏旁，采用"父"作声旁。

布是棉、麻、苧、葛等织物的通称。在古代通常指麻布，常用的有：布衣、布槽（布制的马槽）、布褐（粗布衣服，指平民）、布总（古代丧服，以麻布束发）。

"布"的本义是麻织，而非棉布。《说文》："布，枲织也。"枲是大麻。《礼记·礼运》也说，"后圣有作……治其麻丝以为布帛。"这都说明了古代布是麻织，布衣就是麻衣。"臣本布衣，躬耕于南阳"（《出师表》），其中布衣都是从麻衣进而引申为平民的。

古代麻专指大麻，茎皮纤维长可供纺织。孟浩然《过故人庄》诗：

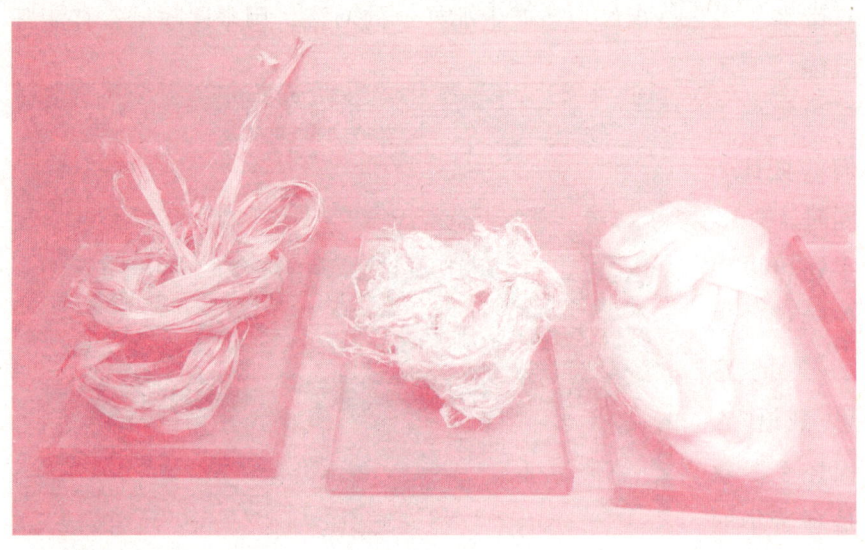

"开轩面场圃，把酒话桑麻"，其中麻就是说的大麻。苎麻，本草写作苧麻，茎皮洁白有光泽。它是中国特产，纤维细长，韧性强，可作衣着原料。至于葛，多年生草本植物，茎蔓生，茎皮可织布，即所谓葛布。葛布精细的称绨，粗者为绤。《诗经·周南·葛覃》："为绨为绤。"《庄子·让王》："余立于天下宇宙之中，冬日衣皮毛，夏日衣葛绨。"说的都是葛布。

未绩之麻织布制成的短衣，称褐。所谓未绩之麻，是指把麻析成细缕，未捻起来，用来织布的。褐从衣从曷，曷是声符，也有短义。关于褐，兰州大学的《孟子译注》在"其徒皆衣褐"的"褐"下，作这样的注释：褐有三义。一为细兽毛做的衣，像汉朝所做马衣；二为未绩之麻所制成的短衣；三为粗布衣。

褐衣即麻衣，本是贫贱，也可作为举子的代称。唐代举子应试，有一种"释褐试"。即举子在进士及第后，决定能否脱去褐衣、穿上官服的一次考试。另有"委褐"一词，即脱去褐衣、穿上官服的代称。

南宋末年，中国开始种植棉花。明代徐光启《农政全书》说："凡高仰田可棉可稻者，种棉二年，翻稻一年，即草根溃烂，土气肥厚，虫螟不生。"清代王应奎《柳南续笔》中说："松江府东去五十里许曰乌泥泾，地高仰，不宜五谷，元至正间，偶传此种（即棉花种子），植之于地，颇茂。"徐光启谈到当时植棉的情况，总结了种棉的经验；

王应奎谈到了具体的年代，但还不是最早的。以上都说明了棉的出现的年代远晚于丝麻，然而棉花御寒，却远胜于麻类。

在很长的历史时期内，人们用棉布、棉花赖以取暖，棉布衣被满天下，功用大矣。

冠

冠，卷束，用来卷束头发的饰物，是戴帽子这一动作的泛称。字形采用"元、寸"会义，"元"也作声旁。因为戴帽子有尊卑等级制度，所以字形采用"寸"作偏旁。造字本义：古代男子成年（20岁）礼，手持帽子戴在头上。

据说，首先发明帽子的是华夏始祖黄帝。

奴隶社会时期，帽子起初只是在官僚统治阶层普遍使用。此时戴帽子不是为了防热御寒，而是起到装饰和标识作用。那时，帽子

象征着统治权力和尊贵地位，只有帝王和文武大臣可以戴帽子。帽子标示地位和权力的大小，形成一种

官僚秩序，就是所谓的冠冕制度。《释名》曰，"二十成人，士冠，庶人巾"，可见只有士以上的人才可以戴帽子，其他平民百姓都没有戴帽子的权利。

最初，皇帝戴的帽子叫"冕"，士大夫戴的叫"冠"，后来互用，皇帝戴的一律叫"通天冠"。春秋战国时期，即便是孔子、孟子这样的大学者也不能戴帽子，而是用"帕头"裹头。一般平民老百姓只可以用"巾"把头发束起来，穷人则只是披头散发或者用麻绳把头发束起来。

帽子作为统治阶级内部地位和权力的标示和象征，经历了各朝各代，在样式上起了很大的变化，同时权力和地位的象征标识更加细化、精确，直到清朝结束、民国建立才被取消。

魏晋南北朝时期，社会动乱，冠冕开始流行于民间的儒人雅士。晋人陆机《幽人赋》中有"弹云冕以辞世，披霄褐以延伫"。这时，北方的胡人带来一种真正的"帽子"——皮帽，但是因为普遍"汉化"并没有流行起来。

隋唐时期，社会生产力不断发展，社会风气逐渐开放，特别是

盛唐时期的开放风气，使帽子的特殊象征性逐渐淡化，流向于民间：一般的读书人和有钱商人及其子弟可以戴帽子，残存的区别就在于有规定的样式——典型的书生帽和商人帽，这在五代和宋朝比较流行。一般老百姓还是用布把头发包裹起来，叫"方巾"。

元朝时，北方游牧民族的帽子开始逐渐流行中原，有皮帽，毡帽。元朝皇帝戴的帽子是珍贵的皮毛做的，上面镶有珍珠。明朝的建立，又恢复了汉人的"冠冕"制度。清朝入主中原以后，帽子才真正地流行起来，上至皇帝，下至贫民都可以带帽子。这种情况一直延续到清朝末年。西洋文化的传入，带来了西洋的帽子文化，使"帽子"在社会上普遍流行起来，上至官僚、商人，下至车夫、乞丐。在影视剧作品中，可以看到出席宴会头戴高贵礼帽的绅士以及头戴毡帽拉黄包车的车夫，甚至有用帽子放钱的乞丐。

古代，普通百姓中的女性是不戴帽子的。女子15岁便束发戴笄，用"巾帼"在后面挽头发或者把头发包扎定型。当然，一些少数民族节日庆典时戴帽子，也只是作为一种装饰品。古代戴帽子的女人有两种：一是皇后、贵妃和公主之类的贵族妇女，有戴"凤冠""花冠"之类的特权。还有一些有官位的侍女也戴帽子，也是权力和地位的象征。唐朝时曾在上层贵族妇女中流行过从胡人那里传过来经过改进的帽子叫"帷帽"，四周有纱缦围绕，用来防沙、遮脸，防止陌生男人见到自己妻子的模样。中国女人普遍戴帽子的传统是从清末开始的，是学习西洋女性，各种凉帽、挡风帽，起初也可以说是一种地位的象征，后来便成为彻底的装饰品和挡风御寒之物。

汉字的禁忌

文字狱

汉字会成为祸乱的根源？这恐怕是造字的祖先没有想到的事

情。不过，汉字之祸的的确确地发生过。有人认为，文字之祸是汉字的负面影响造成的。这种说法大多数人不能苟同。说到底，文字本没有错，错在中国的人治文化传统上。

文字狱，即因文字的缘故所构成的罪案。在中国古代，文字狱数量之多、规模之大、持续时间之长要数清朝。因此，"文字狱"这个词出现在清朝。当然，在清朝之前，历史上也发生了一些文字狱，只不过那时候还没有发明出这个词。

乾隆年间的史学家、文学家赵翼，是历史上第一个注意文字狱的学者。他比较系统地整理和研究了南宋秦桧柄政时及明初的文字狱，

把诸如"诗案""史狱""表笺祸"之类的罪案做了一个抽象的概括，定名为"文字之祸"。因此，文字狱也称"文祸"。

历朝历代的文字狱，大多是因为诗词、文章、史、表笺等内容和思想触犯了当时的统治者，从而引来牢狱之灾、杀身之祸。

宋代著名的文学家苏东坡的"乌台诗案"牵连了39人，被查的诗多达一百多首，是历史上著名的文字狱。

宋仁宗嘉佑二年（1057年），苏东坡被贬后复又召任职。此时，恰逢宰相王安石变法，苏东坡不赞成王安石新法，奉调去湖州时，照例给皇帝奏上"谢表"，其中写道："知其遇不适时，难以追陪

新进；察其老不生事，或能牧养小民。"不料，随王安石"新进"御史从中察觉苏东坡心怀不满，就向皇帝参奏道："苏东坡在谢表中包藏祸心，诽谤漫骂。"苏东坡即被逮捕，后来被贬任杭州通判（辅佐知府的职务）。

在狱中，法官审判苏东坡时，要他就乌台（即御史台官职）一首诗解释其中含意。苏东坡出经入史，旁征博引辩护一番后，仍然在"撰作诗文字讥讽"的口供上签字认了罪。事后，他的弟弟苏辙警告他"北客若来休问信，西湖虽好莫吟诗"。但苏东坡在杭州又写了不少不满的诗文，又被抓住了把柄，送往"乌台"质审。

苏东坡曾写过一首描写老桧树的咏桧诗："报到九泉无曲处，世间唯有蛰龙知。"想不到描写桧树根深的诗句，却被副相王珪指为隐刺皇帝，向宋神宗上奏："皇帝如飞龙在天，苏轼却要到九泉之下寻找蛰龙，不臣莫过于此了。"宋神宗虽一笑置之，但苏东坡又遭囚狱。

在历史上，这是以"诗案"称"文字狱"的开端。

函可和尚，本姓韩，广东惠州博罗人。他的父亲原是明末崇祯年间的礼部尚书。函可自幼勤学，聪颖过人，个性好义，爱打抱不平。他眼看明王朝腐败，动乱不安，继而父亲病逝，家境衰落。最终，他日益消沉，撇下家中亲人，于29岁那年，到江西庐山落发为僧，取法名"函可"。成为僧人的他虽整日与木鱼、钟声相伴，但惊闻外界发生的一件又一件多变的世事，"悲恸形于辞色"，耐不住清净的佛堂，意欲重返俗世。

顺治元年（1644年）五月，以福王朱由崧为首的南明弘光王朝在南京建立。第二年，他终于下决心以借用"清藏经"为名，来到了南京。他寄宿在好友顾梦游家，两人因为出身官宦世家，又有着共同理想，很快结为莫逆之交。可是，好景不长，函可在南京生活了三个月，南明新朝开始衰落。他亲眼目睹了"甲申之变"的惨状，精神上受到极大的打击，再也按捺不住，奋笔疾书，记录下了亲眼目睹的死事，汇编成书稿，取名《变纪》。

不久，《变纪》手稿被清兵没收，函可难逃字祸的罗网。镇守江宁的巴守将函可关押在军营，多次用刑，曾用木棍夹双足，鲜血直流。巴守又用铁链绕函可脖三圈，驱赶函可走路。与此同时，他的好友顾梦游也受到牵连。

后来，函可被押送到北京，由刑部定罪，判决他和其余四人流放沈阳。流放了四年后，函可得知，家人数十口都惨遭迫害身亡。为此，他悲痛地高呼"我有两行泪，十年不得干""不知是血复是魂，化作吴刀切心髓"。在流放期间，他创作了大量诗篇，至今流传的尚有1 500多首。顺治十六年（1660年）冬，他病死在沈阳，时年46岁。

函可死去110年后，乾隆皇帝曾派人追查函可留下的《千山诗集》。函可住过的寺庙及双峰寺碑塔，尽行拆毁，他所著的《千山诗集》

《千山语录》都被列为禁书。函可和尚，是清代第一个以文获罪的出家人。

汉字的避讳

汉字的避讳，指在语言交际中躲开那些忌讳的字眼。然而，躲字并不像躲人那么简单。因为人们既要躲开那些忌讳的字眼，却又不能影响语言交际，让人不知所云。有时还需要在避讳语中传达出说话者喜怒哀乐、褒扬贬斥的种种情感，表现出含蓄文雅、生动有趣的交际效果。所以，从一定程度上来说，避讳是一种运用语言文字的艺术。

避讳分为很多种，主要有国讳、家讳、圣讳、官讳等。

所谓国讳，主要是避皇帝本人及其父祖之名。有的朝代进而讳及皇帝的字号、皇后及其父祖的名和字、皇帝的陵名、皇帝的生肖、皇帝的姓以及国朝的名称等。可以说，国讳是封建社会的人名避讳中最神圣的一种。

俗话说，老虎的屁股摸不得。在封建社会，国讳犹如老虎的屁股，轻易触碰不得。为了避开国讳，有的地方改了地名，如秦代为避秦始皇父亲子楚的名，将楚地改为荆地；有的改了人名，如东晋人为避晋文帝司马昭的名讳，硬把汉代的王昭君改名为王明君，把汉人制作的《昭君》曲改为《明君》曲；有人改姓，如汉明帝名刘庄，东汉人便把庄周改为严周，称"老庄之术"为"老严之术"；还有改节气名的，如惊蛰原称启蛰，因避汉景帝刘启的名讳，便改为惊蛰。

汉代，触犯国讳是一种犯罪行为。到了宋代，国讳作为法变得越来越苛刻。一方面是朝廷规定的避讳字越来越多，另一方面，封建帝王大权在手，常常为了面子问题对触犯国讳之罪人施以极刑。

清朝，则将文字避讳上升为"文字狱"，出现了不少血淋淋的冤案。

《字贯》只是一部简明字典。该字典体例新颖，部头可观。当时发行量大，编著人王锡侯以此换取了赖以养家活口的银两。想不到，这部普通的字典，却给王氏一族招来了杀身之祸。

这场祸乱起于该字典中王锡侯写的"自序"。王锡侯认为《康熙字典》所收 4.6 万字，查阅时往往"查此遗彼，举一漏十"。而《康熙字典》却是康熙皇帝"御制"的，这样直白的话语无疑是贬损了康熙皇帝。

偏偏在这时，王锡侯本家的一个光棍无赖王泷南，为了报复王锡侯过去曾告发过他的宿仇，向官府告发王锡侯的《字贯》有"狂妄悖逆"之罪。江西地方官将此案上奏乾隆帝。乾隆御览了《字贯》以后，勃然大怒，认为该书在"凡例"中"将圣祖、世宗庙讳及朕御名悉行开列"，于是断定"此实大逆不法为从来未有之事，罪不容诛，应照大逆律问拟"。就这样，《字贯》一案升级为钦办特大逆案。

那么，"庙讳""御名"又是指什么呢？原来就是指康熙、雍正、乾隆三个皇帝的名字——玄烨、胤禛、弘历。当时写到这三个名字，都必须"避讳"，用同音字或缺笔代替。

按理来讲，王锡侯身为举人，当然是懂得避讳禁忌的。但他出于好心，唯恐年轻学子不懂，所以在《字贯》"凡例"中将庙讳、御名都直书。王锡侯的一片好心，不偏不倚地撞在了枪口上。当时，正值乾隆帝查禁书的高峰，有意借《字贯》一案推动查办禁书。

案发后，王锡侯即被押送到北京，凌迟而死，他的子孙、弟侄及妻媳等 21 人株连判罪，连未满周岁的小儿子也判为功官家奴。查没家产时，把王锡侯家用锅碗瓢盆、小猪母鸡全部计算在内，估价也不过区区六十两银子。

所谓家讳，就是在日常言谈或行文用字时，要求回避父祖以及所有长辈的名字。中国人的尊宗敬祖观念是根深蒂固的，人们都希望自己的家族世世代代不断延续，满足一种永生不灭的愿望，并希望自己的家族出类拔萃，从而满足一种家族的自豪感。在封建宗法制度的熏陶下，父祖被视为宗族或家族血统的象征，因而人们将父祖奉若神明。这种强烈的尊宗敬祖观念，渗透在中国人的各种习俗里。

　　一般情况下，家讳只是家属内部的事情。但有时候，外族人在与本族人交往时，处于礼貌和敬意，也会尊重各个家族的家讳。

　　古时有个书生，父亲名叫良臣。为了避讳，他读书时但凡遇到"良臣"二字，都改读为"爸爸"。有一次，他在读《孟子》时，有"今之所谓良臣，古之所谓民贼也"一句，经他一读，就成了"今之所谓爸爸，古之所谓民贼也"，实在是滑稽之极。

　　还有位书生的父亲名叫阿谷，为了避讳，每当见到"谷"字，他都要改读为"爹"。有次他读《四书》，当谈到"旧谷既没，新谷已登"时，仍改"谷"为爹，于是念成："旧爹既没，新爹已登。"同学听了之后，以为是他爹死了，娘要改嫁，后来弄明白之后都哈哈大笑起来。

　　在我国封建社会，有为圣人避讳之事，其中包括朝廷规定的圣人讳，也包括人们自发地为圣人避讳。

　　在所有的圣人当中，其名讳最为广泛、避时较久的要数孔子了。从宋代到清朝，无论是达官贵人还是平头百姓，不论是看到还是听到，只要是碰到"丘"字，人们都会纷纷避讳。写的时候，要缺一笔或者写成"某"，又或者用朱笔圈住；读的时候，要读成"区"或者"休"。而那些姓"丘"的人，则要变成"邱"。加一个耳朵旁的"邱"姓，一直延续了数百年之久，直到五四运动后才恢复过来。

　　清代，有个县官为两个人打房屋官司。这两个人一人姓王，一人姓邱。姓王的说："十年前，我买了姓邱的两间厢房，因姓邱家的女孩多，就暂借出两间厢房给邱家。后来，姓邱的女儿们长大后出了嫁，我想收回这两间厢房，可姓邱的却不承认自己卖过两间厢房。"县官问："可有证人？"王回答说："证人已死。"县官又问："可有证据？"王拿出买房证据。证据中写明了邱家卖房的原因，后面有邱××、王××和证人的签名，最后的落款时间为康熙五十五年（1716年）。县官知道康熙是雍正父亲的年号，又看了带有耳旁的"邱"字，直截了当地说："这张证据是假的，房子应该是邱家的。"县官判案的依据是：那个有耳朵旁的"邱"字的使用时间，因为雍正时期才开始在"丘"字右边加上双耳旁！

最后一种是官讳。官讳在封建礼法上并没有明文规定，只是当官的凭借权势让人避讳。有两种情况：

一种是官僚自恃权贵，私下里规定某一范围的人避他的名讳，即"自讳其名"。这种情况，有一个俗语来形容最好不过了——只准州官放火，不许百姓点灯。

宋代有个知州，姓田名登。为了避讳他名字中的"登"，他下令当地所有的百姓都要把"灯"说成"火"，不准说"点灯"，而要说"点火"。上元节那天，有放灯的习俗。田登允许百姓到州城游览观赏。在州官书写的布告上，有这么一句："本州依例放火二日。""放灯"变成了"放火"。结果，闹了个大笑话。于是，群众就编出这两句话来讽刺田登，并流传至今。

另外一种情况就是，上级官员并没有主动要求避讳，可一些下级官员或身份卑微的人敬畏他们的权势，阿谀奉承，避其名讳。比如，五代有个叫冯道的大官，历任四姓10个国君，做了20多年宰相。一次，他让人替他讲解老子的《道德经》。第一章就是"道可道，非常道"。讲解的人不敢说"道"字，逢"道"就讲"不敢说"，于是这两句话变成了"不敢说可不敢说，非常不敢说。"冯道听了之后，一时也哭笑不得。

避讳的种类不止这些情况。从以上内容可以看出，有时候汉字打上政治烙印，就变得有些可悲、无奈了。

民以"食"为天

食

食，一粒米。字形采用"皀"作边旁，采用"亼"作声旁。也有的人说，字形是由"亼、皀"会义。所有与食相关的字，都采用"食"作偏旁。造字本义：津津有味地进餐。

"民以食为天"，这句话尽人皆知。饮食与人们的生存、生活关系十分紧密。从古至今，中国的美食文化堪称博大精深，不妨通过汉字"食"，来认识一下中国对待饮食的态度。

在甲骨文中，"食"字由两部分组成，下半部是一个装满食物的器具，上半部分则是一个三角形状的符号，表示盛食物的器具的盖子。有趣的是，人们还特意在器具左右两边画上两个点儿，表示器具中的食物非常丰盛。

从"食"字的构型上，能够知道它的本义是指食物、食品，是个名词。比如，"主食""副食""丰衣足食"中的"食"就是这个意思。不过，"食"同样可以用做动词，表示"吃东西"。比如孔子曾说"食不言，寝不语"，意思就是说吃饭、睡觉时不要说话；"废寝忘食"就是形容人专心做事以至于顾不上睡觉、忘记了吃饭。

"食"还是个多音字，当它表示拿东西给别人吃的时候，读"sì"。《诗经》中说，"饮之食之"，意思是"给他喝、给他吃"。

此外，"食"字还能用于人名，此时应该读"yì"。"民以食为天"这句话就出自一个名字中有"食（shí）"字的人——郦食其（读音 lì yì jī）。

郦食其非常喜欢喝酒，自称为"高阳酒徒"。秦朝末年，刘邦和项羽为争霸天下，展开了一场旷日持久的战争。郦食其当时是刘邦的谋臣，他深知粮食的重要性，力劝刘邦抢占当时很重要的一个粮仓——敖仓，以解军粮不足，夺得战争的主动权。刘邦听取了郦食其的建议，很快夺取了敖仓，但由于项羽的大军步步逼近，刘邦为缓解压力，准备放弃敖仓。郦食其得知了这个消息，劝谏刘邦说："王者以民人为天，而民人以食为天。夫敖仓，天下转输久矣，臣闻其下乃有藏粟甚多。此乃天所以资汉也……"他的这番话，极富哲理，不仅指出了帝王基业要靠人民，更指出了人民则要依靠粮食生存的朴素真理。后来，刘邦依照郦食其的建议，坚守敖仓，不仅解决了粮食不足的问题，也为其夺取最后的胜利，打下了坚实的物质基础。

纵观中国古代历史的发展，改朝换代中总会有吃不饱饭的农民因为官府的横征暴敛揭竿而起的例子。春秋时期的大政治家管仲曾告诫统治者："衣食足而知荣辱，仓廪实而知礼节。"他认为治国的办法就是让人民有饭吃，这样他们才会守法、懂规矩。看来，"民以食为天"不仅仅是中国食文化的核心，还事关江山社稷，是历朝历代的立国之本。

茶

"茶"在中国出现得很早，而"茶"这个汉字却出现得晚一些。在茶字出现之前，"茶"字用作"荼'字。《说文》："荼，苦荼也。"茶叶的出现有诸多记载，《茶经》："茶之为饮，发之神农氏。"《本草》："神农尝百草，日遇七十二毒，得荼而解之。"汉代王褒《僮约》中有"武阳买茶"之说。由此看出，"茶"这个字，在汉代就出现了。

提起享誉全球的"茶"，中国的茶文化可谓是源远流长。

茶是中国的特产，和瓷器一样，犹如中国的一个标志。中国茶不但品种多而且质量高。现在全国出名的茶叶就有 1 000 多种。在这些林林总总的茶叶中，大有名气的很多，如中国十大名茶：杭州龙井、苏州碧螺春、黄山毛峰、庐山云雾、六安瓜片、恩施玉露、白毫银针、武夷岩茶、安溪铁观音、普洱茶。

中国茶文化历史悠久，六朝以前的茶史资料表明，中国的茶业最初兴起于巴蜀。而茶的历史可推到三皇五帝。东汉华佗《食经》中："苦茶久食，益意思"记录了茶的医学价值。西汉将茶的产地县命名为"茶陵"，即湖南的茶陵。到三国魏代《广雅》中已最早记载了饼茶的制法和饮用：荆巴间采叶作饼，叶老者饼成，以米膏出之。茶以物质形式出现而渗透至其他人文科学而形成茶文化。随着文人饮茶的兴起，有关茶的诗词歌赋日渐问世，茶已经脱离作为一般形态的饮食走入文化圈，起着一定的精神、社会作用。

中唐时，陆羽《茶经》的问世使茶文化发展到一个空前的高度，标志着唐代茶文化的形成。《茶经》概括了茶的自然和人文科学双重内容，探讨了饮茶艺术，把儒、道、佛三教融入饮茶中，首创中国茶道精神。以后又出现大量茶书、茶诗，有《茶述》《煎茶水记》《采茶记》《十六汤品》等。

中国历代咏茶诗词数量丰富,题材广泛,体裁多样,如写名茶的,有王禹偁的《龙凤茶》、范仲淹的《鸠坑茶》、梅尧臣的《七宝茶》、苏轼的《月兔茶》、苏辙的《宋城宰韩文惠日铸茶》等。写名泉的,有苏轼的《求焦千之惠山泉诗》、朱熹的《康王谷水帘》等。写茶具的,有皮日休和陆龟蒙分别作的《茶灶》《茶焙》《茶鼎》以及《茶瓯》等。写烹茶的,有白居易的《山泉煎茶有怀》、苏东坡的《汲江煎茶》、陆游的《雪后煎茶》等。写品茶的,有钱起的《与赵莒茶宴》、刘禹锡的《尝茶》、陆游的《啜茶示儿辈》等。写制茶的,有顾况的《焙茶坞》、陆龟蒙的《茶舍》等。写采茶和栽茶的,有姚合的《乞新茶》、张日熙的《采茶歌》、黄庭坚的《寄新茶与南禅师》、韦应物的《喜园中茶生》、杜牧的《茶山下作》、朱熹的《茶阪》等。

历代诗人在茶诗、茶词的内容上,写得最多的莫过于颂茶和借茶抒怀。苏轼在《次韵曹辅寄壑源试焙新茶》中,将茶比作美女;周子充在《酬五咏》诗中,将茶比作美食;秦少游在《茶》诗中,将茶比作名花;施肩吾在《蜀茶词》中,将茶比作琼浆。陆游以同宗族的"茶神"陆羽自比,在《试茶》诗中表示宁可舍酒取茶;沈辽在《德相惠新茶奉谢》诗中则表示愿意取茶舍鱼,都充分反映了诗人对茶的偏爱。

元稹有一首宝塔诗,题名《一字至七字诗·茶》,很有特色:

茶,

香叶,嫩芽,

慕诗客,爱僧家。

碾雕白玉,罗织红纱。

铫煎黄蕊色,碗转曲尘花。

夜后邀陪明月,晨前命对朝霞。

洗尽古今人不倦,将至醉后岂堪夸。

年

年，秋冬谷物收成叫"年"；秋冬谷物歉收叫"歉"。年，禾谷成熟。字形采用"禾"作偏旁，"千"是声旁。《春秋传》上说："大有收成。"造字本义：将收成的谷物驮运回家。

在中国，一年中有一个最重要的节日——春节。中国人把"过春节"又叫做"过年"。

"年"字是中国人很喜欢的一个字，它最早的意思不是如今用以计时的"年"。"年"的甲骨文字形，上边是"禾"，下边是一个"人"，整个字描绘的是一个人背着一捆禾的画面，有庄稼丰收的意思。所以，"年"最早的意思是"收成"。北京天坛公园的祈年殿就是用来祈求丰收的。古时候，因为庄稼一年只有一次收成，所以"年"就有

了"岁"的意思，一年就是一岁。

所谓"过年"，是来源于商代一种叫做"腊祭"的祭祀：一年里，人们辛勤耕作，获得了大丰收，到腊月，人们要感谢天神、地神和祖先的保佑，并祈求来年再获丰收，所以举行庆祝和祭祀活动。这些活动后来就被称为"过年"。

除了有祭祀的象征以外，在中国的古老传说中，"年"还是一种神秘之兽。

传说中国古代有一种叫"年"的怪兽，头长尖角，凶猛异常。"年"兽长年深居海底，每到除夕，爬上岸来吞食牲畜、伤害人命。因此每到除夕，村寨里的人们扶老携幼，逃往深山，以躲避"年"的伤害。

又到了一年的除夕，乡亲们如往年一样，都忙着收拾东西准备逃往深山。这时候，村东头来了一位白发老人，白发老人对一户老婆婆说只要让他在她家住一晚，他定能将"年"兽驱赶走。老婆婆不信，劝其还是上山躲避的好，但老人坚持留下。众人见劝他不住，便纷纷上山躲避去了。

当"年"兽照样准时准备闯进村肆虐的时候，突然传来爆竹声，"年"兽浑身颤抖，再也不敢向前了。原来"年"兽最怕红色、火光和炸响。这时大门大开，只见院内一位身披红袍的老人哈哈大笑，"年"兽大惊失色，仓皇而逃。

第二天，当人们从深山回到村里时，发现村里安然无恙，这才恍然大悟，原来白发老人是帮助大家驱逐"年"兽的神仙，人们同时还发现了白发老人驱逐"年"兽的三件法宝。从此，每年的除夕，家家都贴红对联，燃放爆竹，户户灯火通明，守更待岁。这风俗越传越广，就成了中国民间最隆重的传统节日"过年"。

如今，"过年"象征着团结、兴旺，人们对新的一年寄托着希望。

武则天造字

　　一代女皇武则天，是位胸怀大志的女人。毛泽东曾高度评价武则天的治国之才，说她既有容人之量，又有识人之智，还有用人之术。武则天与高宗"二圣临朝"几十年，可谓"双日并辉"。载初元年（公元 690 年）九月，武则天改唐为周，登上皇帝宝座，自称"圣神皇帝"，定都洛阳，改称洛阳为"神都"。武则天虽然在位只有15 年，却标新立异，建树甚多。先后修建明堂，造万象神宫，进行了一系列的改革措施，使洛阳成了万邦来仪的政治、经济文化中心，出现了文化高度繁荣的局面。

　　武则天当政时，尤其重视文化建设。为了文化改革，她还独创了一些文字，有些字甚至流传到了日本、韩国等地。在武则天所造的字中，最为人们所熟知的正是她姓名中的一个字——"曌"。

　　武则天的母亲信佛，明空是武则天的字，在感业寺时曾用"明空"为法号，后来以此称"武曌"。武则天究竟造了多少字，史籍记载不详，《资治通鉴》记载了12 个，历代说法不一。直到发现了大周时期的墓志，才解开了这个千古之谜。据此可知，武则天一共造了 20 个字。除了"曌"字避讳不用外，其余的都可以在大周墓志中看到。

　　武则天造字有的是选用的古字，大多为会意字。最为独特的是，她还打破了传统汉字的方块结构，创造出

了几个圆体结构字。"一生"上下结构为"人"字，"一忠"上下结构为"臣"字，忠心耿耿的一个人即为臣，真是恰如其分。还有"山、水、土"三个字上下结构为"地"字。

武则天造的"国"字最有趣，把"八方"二字上下结构后放进方框里边，就是"国"字。四面八方组合为"国"字，实在是巧妙之作。

关于"国"字的创造，还有一个故事。武则天造字时广泛征求大臣的意见，宗秦客（唐朝河东人，在武则天在位期间，690年担任宰相）呈献新造字若干，其中有一字，是方框里边置一"武"字，读作"国"，意为武则天是一代女皇，号令天下。可是有人持不同意见说，把"武"字放在方框里边，与"囚"何异，寓意不好。最后取"普天之下，莫非王土；率土之滨，莫非王臣"之意，把"八方"放进方框里边，四面八方则为"国"字。

武则天造字不是一次颁布的，她在位15年，一共用了十三个年号，其中"天授""证圣""圣历"和改元大周前的"载初"四个年号全是新造的字。

安得广厦千万间

家

家，早期甲骨文像屋里养着一头大腹便便的猪。猪是温顺、繁殖力旺盛的动物。对古人来说，圈养的生猪能提供食物安全感，因此蓄养生猪便成了定居生活的标志，直到现在还有少数客家人在居所内圈养猪。造字本义：蓄养生猪的稳定居所。

在汉字中，有个很有意思的部首，人们叫它宝盖头（宀）。用这个宝盖头作部首的汉字有很多，比如文字的"字"、宝贝的"宝"、宇宙的"宇"、守护的"守"等等。

"宀"是个象形字，读作 mián。在小篆中，"宀"字的写法就像一座房屋的形状，实际上这也就是它的本义，就是指房屋。所以，基本上所有带宝盖头的汉字都同房屋建筑有关，"家"字也不例外。

"家"这个字几乎人所皆知，是游子的避风港，是团圆的暖房。那么，从汉字学的角度来看，"家"又是什么呢？

"家"是一个会意字，上面的宝盖头表示了"家"与房屋有关，宝盖头下面是一个"豕"字，也就是古人对猪的称呼。在原始社会，猪是最早被人们驯化饲养的家畜之一。人们从游牧、渔猎社会到农耕社会，安了家，养了六畜，是安家的象征，所以家的本义是猪圈。人们多在屋子里养猪，所以房子里有猪就成了一户人家的标志，"家"字也由此被用来指人的住处。

另外，根据《六书故》："家人所合也。从兲，三人聚宀下，家之义也。兲，古族字，兲讹为豕，《说文》谓从豭省，无义。"意思就是现在"家"字下面的"豕"是由"兲"字讹写而来的。我们也可以这样理解：宀，房屋；一，在一起；兲，众，三人为众。意为同住在一个房子里的众人就组成了一个家。

中国人向来重视家。所谓"国有国法，家有家规"，即有了国法，国家才能长治久安；有了家规，家庭才能治家教子。在过去讲究血缘宗亲的封建家庭中，往往是一个大家族居住在一起，"家谱""家法""家风"这些都成为每个家庭成员必须要严格遵守的门规戒律。"家训"就是其中非常重要的内容，它往往通过诗歌、散文、格言、书信等形式，向后人传授修身、治家、为人处世的基本方法。

中国古代的名门望族和文人雅士往往都有"家训"流传于世，其中著名的有南北朝时的教育家和文学家颜之推撰写的《颜氏家训》，它也是中国教育史上第一部以专著形式出现的教育名作。明朝末年的文人朱柏庐撰写的《朱子治家格言》，以名言警句的形式向后代讲授中国传统家庭道德伦理，更是被历代士大夫尊为"治家之经"，作为治理家庭和教育子女的启蒙教材。

宫

　　宫，甲骨文像一座大型建筑开着多个窗口。造字本义：多窗户的多楼层大型建筑。宫，宫室。字形采用"宀"作边旁，采用省略了"身"的"舠"作声旁。所有与宫相关的字，都采用"宫"作偏旁。古人称单窗平房为"向"，称多窗的大型建筑为"宫"。

　　与历朝历代皇帝所住的宫殿不同，在河南省有一座属于文字的宫殿——中国文字博物馆。中国文字博物馆位于中国八大古都之一、国家文化历史名城——河南省安阳市，是经国务院批准的国家级博物馆，是集文物保护、陈列展示和科学研究功能为一体的专题博物馆，也是"十一五"期间国家重大文化工程。作为中国第一座以文字为主题的博物馆，中国文字博物馆共入藏文物 4 123 件，其中一

级文物 305 件，涉及甲骨文、金文、简牍和帛书、汉字发展史、汉字书法史、少数民族文字、世界文字等多个方面。

该馆的馆徽非常精巧、特别，设计思想紧扣主题，创造性地采用了最具有代表性的甲骨文为设计元素，辅以篆体"字"为识别符号，二者合二为一，高度凸显了博大精深又历史悠久的中华文字文化，折射了中国文字博物馆的文化内涵和特色。馆徽与馆藏文化相结合，使人见徽标即知是中国文字博物馆。将传统的印章融入其中，既寓意印证中国文字发展历程，又表达出通过中国文字博物馆这个窗口平台，向全世界展现中国文字历史文化之光的深刻内涵。馆徽以中国人喜欢的红色为主色调，给人与明快、吉庆、和谐的视觉感受；馆徽中文名字用黑色隶书来表现，有强烈的视觉冲击力，简洁大方、易于识别。整个博物馆显得古韵盎然。

汉字中的"女书"

女书也称为"女字"，即妇女文字，是一种非常奇特的汉字。之所以说它奇特，是因为它不仅符号形体特别，记录的语言特别，连记录手段也是如此。女书，将中国的汉字赋予了性别。女书在中国湘南江永县潇水流域已经流传甚久，至今一些上了年纪的老妇人仍在使用。

在当地，女书习传有几种形式：

一是家传式，家庭内长辈女性教晚辈女性。

二是私塾式，花钱向女书水平较高的妇女学习。

三是歌堂式，妇女在读纸、读扇中互教、互学。

四是自学式，利用赠送得来的或买来、借来的女书，照样抄写自学。因为当地妇女几乎人人会唱女书歌，自学起来比较容易。

因此，无论是哪种方式的学习，都是女性内部的传承。

女书作品一般为七言诗体唱本。书写在精制布面手写本（婚嫁礼物）、扇面、布帕、纸片上，分别叫做"三朝书""歌扇""帕书""纸文"。有的绣在手帕上，叫"绣字"。这里妇女有唱歌堂的习惯，常常聚在一起，一边做女红，一边唱读、传授女书。

妇女们唱习女书的活动被称作"读纸""读扇""读帕"，并形成一种别具特色的女书文化。女书作品主要内容有贺三朝书（新婚第三天的馈赠贺诗）与婚嫁歌、结交老同（同年龄的女友）姊妹情书、自传诉苦歌、纪事叙事歌、祭祀祈神歌、往来书信、翻译改写传统汉文故事等。

由此看来，女书不但把妇女们凝聚在一起，还兼有交际的功能。当然，由于女书的传承地受区域限制，也使得它具有地理封闭性和社群封闭性。女书流通的地域范围方圆不过百里，而流通的人群也只是这个农耕社区成员中的妇女。正是这些同处社会底层的被压抑的女性的心理趋同、文化趋同，使女书具有很大的凝聚力。女书以它特有的文化力量，把卑微、松散的乡村农妇凝聚为以结交女友的组织形式、以写唱女书为活动内容的社群集团。这种凝聚力大大增强了女性的自我意识和群体意识，具有十分重要的社会学价值。

作为一种民间文艺形式，女书也有娱乐功能和调适功能。最初，女性的社会地位远低于男性，这就在一定程度上限定了女性的活动范围和内容。这些被排斥在社会政治、经济、文化生活之外的女性没有社会活动、社交自由。然而，"读纸、读扇"这种说唱文学形式，吸引了女性群体的参与。她们或互娱互乐，或自我欣赏，无形中平衡了这种男尊女卑的社会形态。

在文化水平低下的年代，很多人是不识字的，女书的出现，不但使当地妇女们文化水平有所增长，在礼仪上也有所认识。例如女书文化独有的贺三朝书，不仅是新娘及女家身价、教养的标志，而且成为当地婚嫁庆典中不可少的礼仪活动。礼仪是社会价值观的规范化、程式化、制度化。这种礼俗化的凝固，使女书文化由女性的需要成为全社区的必要。这一点十分重要，这说明在当地，女书已经被全社会认可，女书的社会价值受到肯定。女书的这种礼俗功能是女书传承的动力之一。

另外，女书的教化功能、传授功能不仅体现在女性社群内，而且作用于少儿的启蒙教育上。从最原始的口耳相传，逐渐转为付诸笔墨，代代留存。

可见，女书在特殊的环境中存在，具有重要的意义，那么这种文字有哪些特别之处呢？

一、女书的形体特征

从形体和外观上看，女书与汉字有着深刻的渊源。女书从整体上看，是一种由右向左略有倾斜的长菱形的字体。它的右上角一般是字的最高点，左下角是全字最低的位置。它的行款方向是由上至下，由右向左，没有标点，排列十分整齐。笔画的线条纤细一致，笔势犀利，既有小篆体匀称的特点，又有甲骨文劲挺的姿态。与汉字相比，最大的不同是汉字呈方形，上下左右结构，组合对称，显得厚实稳重。女书则呈菱形，左右错开排列，左在下，右在上，上下保持在斜菱形的范围内，显得修长秀丽。

二、女书的笔画结构

女书有着近乎汉字的笔画及近乎汉字偏旁的构件，有近乎汉字合体字的组合方式，也有着合体字、独体字的区别。但是，女书在笔画结构上，与汉字有着极大的差别。

在笔画上，汉字有8种基本笔画，即横、竖、点、撇、捺、提、折、钩等。女书只有5种基本笔画，即"竖"（丨）、"斜"（／）、"点"（·）、"弧"、"圈"（〇），其中圈是汉字没有的笔画。斜、点是汉字也有的笔画。女书的竖则与汉字的竖有较大的区别。

斜笔形。女书中没有典型的横笔形和典型的撇笔形，只有介于二者之间的斜笔形。这种斜笔形由右上向左下倾斜，或由左上向右下倾斜。

点笔形。与汉字中的点不同，女书中的点小而圆，不能夹杂任何其他变体形状，略带长形的点或向左向右拉长的点都不行。

弧笔形。这一笔形是女书中很有特色的一种笔形。与汉字中的撇不同，弧笔形起笔收笔一样粗，并有多种不同的弧形变体，有的呈半月形，有的弧度大，有的弧度小，有的弧度向左，有的向右，有的长，有的短，变化不一，但基本上是弧形。

竖笔形。汉字的"I"可长可短，长的可贯穿全字。而女书的"I"则只有短的，没有长的，一旦贯穿全字必会出现倾斜或弧度。此外，汉字的"I"常常带钩，而女书的"I"则不带钩。

圈笔形。女书中的很多字都有这一笔形，常常作为一种区别字形的标记。

上述5种笔画，是构成女书的最基本的零件，本身无任何意义。把这些笔画按一定位置组装起来成为一个构件时，方有可能表示一个音节。这样的构件，有的可能就是一个独体字（也用做构字单位），有的则只能作为构字单位。

三、女书的组合方式

一个字如果是由两个或两个以上构件组合起来的，之间就有一定的组合方式。女书的组合方式大体上有六种，即上下组合、左下右上组合、左右夹心组合、双构件组合、上下左右对称组合、点圈包围组合。

正因为如此，女书才得以在数百年来代代相传，生生不息。同时，人们也由此看到女书的局限性——没有对男尊女卑的旧制度从根本上构成威胁，女书的功能仅限于文化、精神而已。

作为语言的视觉符号，女书同其他文字一样具有物化功能、存储功能。正是因为有了自己的文字，女歌才成为女书，口头文学才成为书面文学。"写出女文传四方"，这是会写女书的老人们共同的心愿。她们不愿无声无息地被社会吞没。用女书写成的三朝书、歌扇、歌帕，作为礼物馈赠，终身珍藏。作为一种特殊的女性文学，女书以看得见、摸得着的物化形式，记录下女人的命运与抗争，蕴藏着她们的理想和追求，存储了姊妹的情意。

汉字中的隐秘文化

拆析汉字，有助于认识汉字的结构规律，也可以揭示出它特殊的隐秘含义。汉字的隐秘世界实际上是民俗中隐蔽的汉字文化，而且这种文化长期牢牢地扎根在华夏子民的观念里。

人们常将88岁称作"米寿"。为什么是"米寿"呢？

米，象形字。在甲骨文里，中间一横，上下各三点，表示将米粒连在一起的意思。今文、小篆和甲骨文的写法相近。楷书"米"字的写法，把下部的两个点变成一撇和一捺了。后来中间上下的米粒连成了线，与原有的"一"构成了现在的十字形状。把十字形拿掉，上下各有两粒米，似乎上下各形成了一个八字形。从上往下连读，八十八就有了长寿的意思。

此外，人们还称"茶"为108岁高寿。将"茶"字拆分来看，与"米"字有异曲同工之妙。将"茶"字从上往下拆分，为"二十""八十八"，加在一起就是一百零八，也是长寿的意思。可见，"茶寿"比"米寿"还要长寿。

寿，在《说文解字》中的解释为"久也"。"寿"即指年寿，年寿长久。

在先秦的钟鼎铭文中，"寿"字出现率非常高。如"寿考万年""眉寿无疆""眉寿万年""永寿"等，都有长久永恒的意思，这说明长寿是古人包括皇帝梦寐以求的理想。晋代干宝《搜神记》中把寿星描绘成一个拟人化的形象。唐宋时期产生了寿星的神像，现代常见的寿星画像基本是明代的造型：白胡须，秃顶，高额头上有三道皱纹，身材矮小，和蔼可亲。

"南极仙翁"的形象，就是传说中的老子。据说他的母亲在生他之前怀了七十二年身孕，直到剖开左边的腋窝才把他生下来。他刚生下来，就是一个白头发、白胡子的小老头，所以人们叫他"老子"。又说，老子的母亲在一棵李树下生了老子。老子一生下来就指着李树向母亲说：就拿这棵树的名字来称我的姓吧。因此，老子就姓了李。

据《史记·老子韩非列传》：老子者"百有六十余岁，或言二百余岁，以其修道而养寿也"。所以老子在历代被当作寿星、吉祥人物而受到顶礼膜拜。

宋代"寿"字已成为祈求长命的象征，明代用"寿"字装饰成风，大多用于服饰。

"寿"字的变化是汉字中最多的，它有上万个异体。字形长的叫长寿，长生不老；字形圆的叫圆寿，也叫团寿，象征无疾而终。字体变化无尽，有楷体、宋体、篆体、石鼓文、蝌蚪文、各种花体、梵书等。早在明代已有用各种书体组成的百寿图。内蒙古巴林右旗博物馆藏有一只清代百寿图的玉碗，中部细刻108个篆书"寿"字，分三行排列，每行36字。

"万寿"意为寿之永久，是祝福长寿之词。《诗·小雅·南山有台》："乐只君子，万寿无期。"后来皇帝生日称万寿节。到了宋代，上父母寿，可称"万寿"。自从明初洪武年间制定万寿节庆典后，直到清代，贡品名目繁多，单是象征寿的就有松、鹤、桃、九老图、群仙祝寿图等，还有"寿"字组成的图案。

除了"寿"字备受人们喜爱外，"福"字及其背后所隐含的民间文化，也得到了人们的推崇。

《说文解字》："福，佑也。"有了福，有了上天的保佑，就意味着有了一切。

福字的甲骨文写法是左上角是酉，即酒樽；其下是一双手，右上角是"示"，即古代放祭品的灵石台。它象征着两手捧樽于前，反映商周先民以酒敬神，求得神的保佑。周代的吉金铭文中充满了求神降福的祈望。

入宋以来，崇拜"福"字蔚然成风。许多"福"字出现在平民的生活用具上。浙江金华铁店瓷窑遗址中，有三座生产类似钧窑产品的瓷窑。在遗址中，人们发现了三足鼓钉洗，装饰兽头和兽足，内外施满釉。其中一件内底有图记戳印，在同心圆两圈内有一阴文"福"字。这种戳印是可以大量复制的，所以当时肯定生产了不少带有"福"字的器皿。现如今，故宫博物院藏的元代八思巴印中就有不少吉祥语印，其中就包含"福"字，它盖在信函上，对收信人表示祝福。

相传，明初朱元璋得天下，建都南京。一次，他在上元节晚上微服出行。当时在上元节晚上流行隐语，相互出题解答以为戏乐。其中，有一个谜是一张画，画一个女子赤脚抱了个大西瓜，看的人都哈哈大笑。大家的反应引起了朱元璋的注意，一问才知道是在嘲笑淮西女子的大脚。

偏巧，朱元璋的马皇后正是淮西人，也有一双大脚。马皇后明白，这是在讥讽自己。于是，她气急败坏地让手下在那些安分的人家门上贴个"福"字。而那些没贴"福"字的人家被拿办。从此，民间贴"福"字相沿成为习俗。

满人入关当了中原霸主后，非但没有排斥汉人的风尚，而且还将一些习俗发扬光大。这其中就包括"福"字习俗。皇帝书写"福"字始于康熙。康熙用来书写"福"字的笔被奉为吉祥法物，笔端镌刻楷填金字"赐福苍生"，而且此笔代代相传，历代的皇帝每年都用这支笔写第一个"福"字。皇帝所书的"福"字，一是在宫殿、园林各处张贴；二是赏赐给臣子、内外臣僚官至二品及内廷供奉。此外，皇帝还赏赐"福"字给皇后、嫔妃、阿哥、格格等人。

如今，每年春节，家家户户都要贴"福"字，为来年讨个好彩头。近年来，又盛行倒贴"福"字，无非是借个"福到了"的好口彩。据说，将"福"字倒贴的习俗，起源于清朝。

传说清朝时期，有一年过年，恭王府的大管家为了让主人高兴，请人写了一个斗大的"福"字，张贴在大门上。贴"福"字的家仆目不识丁，把"福"字贴倒了。恭亲王的福晋见了之后大怒，要用鞭子来惩罚管家和家丁。大管家灵机一动，连忙跪下说："奴才常听人说，恭亲王寿高福大，如今大福真的到（倒）了，乃喜兆也。"福晋听了十分高兴，也解了气，免去了责罚，还赏赐了管家和家丁各五十两银子。从此贴"福"字和将"福"字倒贴渐成风尚，传入寻常百姓家。

"福""寿"二字，与人们的生活息息相关，从中透着人们对美好生活的希冀。

汉语字典的故事

字典是为字词提供音韵、意思解释、例句、用法等的工具书。它以字为收集对象，说明字的写法、读音、意义和用法。有不少字典，兼收常用词语，这与以收录词语为主的词典又有相同之处。

我国历史悠久，字典很早就出现了。《史箍篇》是春秋战国时代史官教学童诵读辅助教材，带有字典性质。我国最早的名副其实的字典，当推东汉许慎编著的《说文解字》。以后历代都有经典字典传世。

字典不外乎普通字典和专门字典两类。普通字典能帮助读者了解汉字的音、形、义，如《说文解字》《康熙字典》《中华大字典》《同音字典》《新华字典》等。专门字典一般不全面说明汉字的音、形、义，而只是为读者提供某一方面的知识，或者说明字形结构，如《甲骨文编》《金文编》《真草隶篆四体大字典》等；或者讲解文言文字，如《词诠》《古书虚字集释》《文言虚字》等。还有《广韵》等韵书，既供审音辨韵用，还能用来查汉字的音、形、义，兼有普通字典和专门字典的特点。

《康熙字典》，是张玉书、陈廷敬等三十多位著名学者于康熙五十五年（1716年）奉康熙圣旨编撰的一部具有深远影响的汉字辞书。这部字典共收字 47 035 个，214 个部首，以笔数多少为序，分插在子、丑、寅、卯、辰、巳、午、未、申、酉、戌、亥十二集里。

《康熙字典》的释文，都是先注音后释义。然后，有的再解释别音别义。有所考辨，就放在注后，并加"按"字标明。每字以通行的楷书字体作为字头。如有古文，就排在字头后，其字与字头一般大小。如有省文、或体、俗体、讹字等，就用小字附于注后。注音用反切和直言两种。释义，一般是先解本义，再解引申义。编者释义很少有自己的见解，主要是采集前人训诂成果。每一义项下，都能引古书成句作例证。

这部字典有两个显著待点：一是收字多，一些生僻的字可在这部字典里查到；二是征引古书较多，有助于我们阅读古籍和研究古汉语。

《新华字典》由我国著名语言学家、北京大学原副校长、中文系教授魏建功先生主持编写，新华辞书社编纂。《新华字典》于1953年10月由人民教育出版社出版发行，1957年改由商务印书馆再版。

1998 年，商务印书馆出版了由中国社会科学院语言研究所修订的《新华字典》。这部修订本，也是商务印书馆出版的《新华字典》第 9 版。如果把人民教育出版社出版的 1953 年版和 1954 年版算在内，这就是《新华字典》的第 11 个版本。这一版《新华字典》先后荣获国家图书奖荣誉奖、国家辞书奖特别奖，并且入选教育部中小学图书馆必备书目。

《新华字典》1998年修订本在注音、释义上非常准确，例证精当，编排体例合理，查阅方便，附录实用，各种内容符合国家的有关标准和规范要求，在科学性、规范性、实用性方面比以往的版本都有所提高，堪称"小型汉语字典的典范"。

《新华字典》不仅对现代的汉语语文工具书的编纂有着重要的影响，更为重要的是，它对中国的文化教育事业有极为深远的影响，对普及全民族的文化知识作出了重要贡献。我国的几代人都是用它识字，通过它接受启蒙教育的。

《新华字典》是新中国成立后出版的第一部以白话释义、用白话举例的字典。它以中小学师生和中等文化程度的读者为主要对象，同时兼顾各方面读者的基本查阅需要，从大学教授到小学生，几乎每个人都是它的读者。其广泛的读者群体，已经足以说明它对我国文化教育事业的影响和贡献了。

中国是一个辞书大国。从辞书史的角度看，在新中国成立以前，著名的辞书比比皆是，比如我国的第一部字典《说文解字》和第一部词典《尔雅》，都有着十分悠久的历史和很高的学术成就。新中国成立前的民国时期，也有许多著名的辞书，比如《辞源》《辞海》《辞通》《中华大字典》《国语辞典》等，也都各有特色，在中国现代辞书史上各占有一席之地。但是，除了《国语辞典》等少数几部辞书以外，其他多数辞书都是用文言释义、举例的。所以，《新华字典》作为新中国成立后出版的第一部以白话释义、用白话举例的字典，其倡导和示范作用，在中国辞书学史上，是有重要意义的。